Ewiger Herbst

AF220576

Troy Dust

Ewiger Herbst

Lyrik & Prosa

Die erste Ausgabe von „Ewiger Herbst" erschien 2003 unter dem Pseudonym duesterheit als Taschenbuch bei BoD – Books on Demand, Norderstedt, und ist nicht mehr erhältlich. Das vorliegende Buch wurde teilweise neu gestaltet und beinhaltet alle Gedichte und Texte der ursprünglichen Fassung.

Herstellung und Verlag:
BoD – Books on Demand, Norderstedt

ISBN: 978-3-7526-8342-4

... jenseits von Licht und innerer Ruhe ...

Inhalt

Ein Schluck nur aus dem Zährenbach
Dessen Wasser mild salzig und so rein

Tränen

Tränen sind der Seele Blut
In einer Zeit aus geistigem Schmerz und Not

Ich und ich

Ich stehe neben mir
Ich beobachte mich
Ich fühle nichts
Ich sehe und höre nur
Ich fühle mich leicht
Ich denke an nichts
Und doch bin ich wach

Der erste Teil – Vergänglichkeit

Wo Nebelhauch aufsteigt
Aus den weiten Wäldern
Und einzig die Stille es ist
Welche die Berge erfüllt

Wo der Boden von Laub bedeckt
Im trüben Regenglanz
Und nur das kalte Totenfeuer
Dem ungewissen Pfade folgt

Tief dort im feuchten Boden
Behütet von Wurzel und Stein
Liegt ein Teil meiner Gedanken
Im Moder der Zeit

Seelenriss

Tief in mir
Da tobt ein Schmerz
Die Wunde ist groß
Ich drohe zu zerreißen

Er ist trocken
Grausam und stark
Er möchte hervorbrechen
Doch ist er gefangen in mir

Unaufhörlich quält er mich
Lässt nicht locker meine Seele
Mächtig pulsiert er
Und ich werde ihn nicht los

Ich kenne nur einen Weg
Mich von ihm zu befreien
Doch dieser letzte Schritt
Er führt mich ins Ungewisse

Seelische Nacht

Man denkt es ist still
Doch irgendwann ist die Ruhe vorbei
Man denkt es war schlimm
Doch es kann schlimmer werden
Man denkt es hört auf
Doch das nächste Mal wird kommen

Eines Herbstes Tagerwachen

Losgelöst falle ich
Frei und leicht im Morgenwind
Tausend Wünsche leiten mich
Während meine Zeit verrinnt

Der Tag schenkt mir seine Tränen
Unerschöpflich, klar und kühl
Meine Hoffnung kann nichts zähmen
Auch kein entsterbendes Gefühl

Vom Mondglanz wurde ich berührt
Im zarten Tau der stillen Nacht
Und die Sehnsucht hat mich verführt
Mit ihrer geheimnisvollen Dunkelpracht

In einem Trugbild bin ich verloren
Jenseitig vom Wahrheitsschein
Als wäre Glück nur tot geboren
Trinke ich den bittren Lebenswein

Ein kleiner Rabe in der Frühe
Entflattert schnell dem Galgenberg
Auf seinen Schwingen ohne Mühe
Das Leid wie eines Hexers Werk

Gleich dem Nebel im tiefen Moor
Umnachtet mich Bedeutungslosigkeit
Mein Name rauscht im Totenchor
Das Schattenreich ist nicht mehr weit

Betört tanze ich im Zährenbach
Lustvoll verleitet von schwarzer Kunst
Die Hingabe im Herzen wächst ganz schwach
Und wird zu einer Feuersbrunst

Der Hochmut bannt die Fragen
Ich steige in die Dornengruft
Im Rosenfeld erstickt mein Klagen
Langsam entkräftet der Moderduft

Bald sinke ich hinab zum Grund
In mein faules, dunkles Grab
Werde rinnen in den Schauderschlund
An dem dann ich mich erlab

Das Wasserbecken nimmt mich auf
Der letzte Pfad im Trauerlicht
Wie bei anderen schon zuhauf
Die Wahrheit alle Träume bricht

Die Erinnerung zerfällt
Verwittert zu leerem Gedankenstaub
Und so gleite ich aus der Welt
Denn ich bin nur ein Blatt im toten Laub

Nachtode Licht

Der Mond im gelben Schein
Erhellt die schwarze Nacht
Von Wolken sanft verdeckt
Alles eine dunkle Pracht

Der Nebel steigt aus den Wiesen
Das kühle Nass liegt in der Luft
Die Gräser werden feucht
Überall herrscht ein reiner Duft

Die Stille dieser Nacht
Sie umspielt meinen Geist
Er so Ruhe und Kraft findet
Und in meinen Worten reist

Drum schätze ich die Nacht
Als Zeit der eigenen Kraft
Die zwischen dem Chaos dieser Welt
Und den Phantasien klafft

Fern in Tränen

Die Seele droht zu ertrinken
Tief in einem Tränenmeer
Sie möchte sich wehren
Doch sie ist regungslos
Kein Laut dringt aus ihr
Obwohl sie schreien will
Fern vom Körper
Verborgen vor den Fragen
Wartet sie auf ihr Ende
Hilflos in Einsamkeit

Ausbruch

Das Blau des Himmels lockt
Einfach gehen ohne Bedauern
Sehen was die Zukunft bringt
Weg vom ausweglosen Jetzt
Später kann man es beenden
Vorher sollte man den Ausbruch wagen
Zu verlieren ist nichts
Der Gewinn ist ungewiss
Es kann mehr sein
Oder vernichtend wenig

Im Moor der Engel Teil 1

Engel liegen am trüben Abend
Regungslos im Winterfrost
Gehüllt in ein Tuch aus Eis
Das alles bedeckt

Die Grashalme ragen empor
Toten Bäumen gleich
Starr im kalten Wind
Brechend unter meinen Schritten

Es knirscht und knackt
Sticht die Sohle meines Fußes
Aus den Splittern befreit sich
Des Winters bittere Wut

Im Totenfeuer schwinden
Gefühl und Kraft
Es leitet mich an den Ort
Wo die Engel ruhen

Ob der Schmerz es ist
Oder die Sehnsucht
Es lockt mich hinaus
Hinaus ins dunkle Moor

Nackt sinke ich nieder
Nach dem peinvollen Weg
Und lehne mich erschöpft
An eines Engels Seite

Am Kaminfeuer

Es knisterte leise vor sich hin und warf seinen Schein in den düsteren Raum. Der Kamin, in dem das kleine Feuer loderte, war in die Wand eingelassen, wobei die Bodenplatte etwa einen halben Meter aus der Wand herausragte und einen Absatz bildete. Deckungsgleich dazu befand sich in etwa eineinhalb Meter Höhe der Kaminsims, gelagert auf zwei runden Säulen zu je etwa zwanzig Zentimeter Durchmesser. Die Breite der Kaminöffnung betrug ebenfalls eineinhalb Meter. Auf dem Sims lagen drei Schachteln Zündhölzer, neben welchen ein Kerzenständer mit einer darin befindlichen Kerze weißer Farbe stand. Neben diesem Kerzenständer lagen in einer kleinen Schachtel einige weitere Kerzen.

Rechts neben dem Kamin befand sich in einigem Abstand die Türe, welche aus dem Raum führte, während auf der linken Seite des Kamins sorgsam an der Wand aufgeschichtet eine Unzahl an Holzscheiten lag. Weiter links befand sich ein Haufen gebündeltes Reisig. Der große eiserne Schürhaken mit Holzgriff lehnte an dem Holze. Wenn man den Raum vom Kamin aus betrachtete, befanden sich in der linken Wand insgesamt drei große Fenster, welche durch schwere Vorhänge, die bis hinab zum Boden reichten, verhüllt wurden. Bei Tage war ihre Farbe eine Mischung aus Dunkelbraun und kräftigem Weinrot, doch nun, da es Nacht war, machten sie den Eindruck, als würden sie aus schwarzem Stoffe sein – ein greifbarer Schattenschleier.

Der Sessel, in welchem er saß, stand etwa drei Meter vom Kamin entfernt, und zwar so ausgerichtet, dass die Blickrichtung, saß man denn gerade in dem Sessel, genau zur Türe führte. Der Sessel war groß, besaß eine Rückenlehne, die den Mann etwa um eine Kopfhöhe überragte, und Seitenlehnen, sie so gestaltet waren, dass er seine Arme bequem auf ihnen ablegen konnte. Die Farbe des weichen, doch relativ staubigen Sessels war ein solch tiefes Rot, dass man auch ihn nachts für schwarz hielt.

Es gab nichts weiter in dem Raum, weder Möbel noch Wandschmuck oder Teppiche. Der Boden bestand aus normalen Brettern, ebenso wie die Wände und die Decke. Der Raum maß auf der Seite des Kamins etwa zehn Meter, ebenso auf der Seite der Fenster. Die Höhe betrug annähernd drei Meter. Das Licht aus dem Kamin erhellte nur einen Teil des Raumes. Es erreichte den Sessel und verlor sich bereits nach kurzer Strecke hinter ihm, wo sich der Schatten, vom Sessel geworfen, mit der Dunkelheit im hinteren Teil des Zimmers verband. Schemenhaft konnte man die Vorhänge der Fenster erkennen, so auch die Reisigbündel. Mit anderen Worten war alles, was sich im Raume befand, mehr oder weniger sichtbar, abgedunkelt wie durch ein pechfarbenes Tuch, das über allem lag.

Er hatte die Beine übereinander geschlagen. Er trug eine dunkelbraune, recht abgetragene Hose, schwarze Socken und bereits stark verschlissene Schuhe aus braunem Leder, deren schwarze Schnürsenkel viel zu lang waren und links und rechts hinabhingen. Unter dem schwarzen Mantel, welcher ebenfalls alt und verdreckt war und der, wenn der Mann sich aufrichtete, bis auf einige Zentimeter zum Boden hinabreichte, trug er einen dunkelbraunen Pullover aus kratzig anmutender Wolle, und darunter wiederum ein schwarzes Hemd, dessen Kragen sorgsam über den Kragen des Pullovers gelegt worden war. Seine Hände waren mit schwarzen Wollhandschuhen verhüllt, wobei das Material kurz vor den Fingerkuppen endete, so dass seine sorgsam geschnittenen und gesäuberten Fingernägel zum Vorschein kamen, welche das völlige Gegenteil zu dem restlichen Auftreten der Person waren. Sein schwarzes, fettiges Haar fiel ihm leicht kraus bis hinab auf die Schultern, wobei einige Strähnen durch sein Gesicht verliefen. In der linken Hand hielt er ein dickes Heft mit zahlreichen Seiten, die einen vergilbten Eindruck machten. Der Einband des Heftes bestand aus braunem Leder, das hier und da bereits rissig und abgewetzt war. Dieses Heft lag auf seinem rechten Bein – dieses lag über dem linken – auf. Mit der rechten Hand führte er einen Bleistift geschwind, der einfachen Holzes war, während draußen – er konnte das Pfeifen des Windes und das Knarren des Gebälks dieses Hauses vernehmen – der frostige Winter tobte.

Er saß bereits seit zahllosen Stunden an diesem Orte, nachdem er immer mehr Holz aus dem

Schuppen des Hinterhofes herbeigeschafft hatte, um nicht mitten in der Nacht nochmals in die eisige Kälte zu müssen. Auch hatte er das Reisig zurechtgelegt, sollte das Feuer erlöschen, sowie die Zündhölzer und die Kerzen mit dem Kerzen- ständer. Er hatte alles geplant, um nicht diesen Ort seines Schaffens verlassen zu müssen.

Und so schrieb er Wort um Wort auf das Papier nieder. Ab und an setzte er ab, griff in eine seiner Taschen, zog ein altes Taschenmesser hervor, klappte dieses auf und spitzte mit einigen Strei- chen den Bleistift wieder, wobei die Späne ein- fach links neben dem Sessel landeten, wo bereits ein kleines Häufchen zu sehen war, ebenso wie insgesamt drei Bleistiftstummel, deren Spitze er nicht hätte nochmals schärfen können. Auch la- gen auf der linken Seite zwei weitere dieser leder- nen Hefte, wobei das obere von beiden hier und da von einem Span getroffen worden war.

Wie besessen schrieb er seine Gedanken nieder, nicht wissend, ob er diesmal Erfolg haben würde, was ihm bisher noch nicht gelungen war. Das Feuer knisterte und knackte, während die ange- nehme Wärme in den Raum schwebte und das Licht aufgrund der Ausrichtung des Sessels das Heft und jedes der geschriebenen Worte ausrei- chend erhellte. Weder Hunger noch Durst behel- ligten ihn. Er saß nur da, schrieb, schlug ab und an das untere Bein über das andere und erhob sich dann und wann, um einige neue Scheite ins Feuer zu legen und ein Erlöschen zu verhindern. Sonst tat er nichts.

Es gab neben dem Feuer und dem Lärm des Windes auch nur noch zwei weitere Geräusche: Das Kratzen des Bleistiftes auf dem Papier und das Atmen des Mannes. Seite für Seite füllte sich das Heft mit seinen Worten, die von den meisten Menschen als Abart bezeichnet wurden, als Ausgeburt einer kranken Seele, welche jedoch für ihn Gedanken waren, die niedergeschrieben werden mussten, um sich von ihnen zu befreien, und die lediglich unterhalten sollten. Solange er sie nicht zu Papier brachte, beherrschten sie immer wieder unstet seinen Geist. Doch gerade in dieser Zeit wurde alles in dieser Art mit Hexerei und dem Teufel in Verbindung gebracht, so dass er seine Werke nur einem auserwählten Kreise von Adligen darbieten konnte, die ohnehin hinter ihren geschlossenen Türen und Fenstern ihre zweifelhaften Phantasien und Neigungen verfolgten und auslebten, enthemmt durch Alkohol, Rauschmittel und den Wahn der Lüste. Für ihn entstanden die Abgründe der menschlichen Seele auf dem Papier, da es seine Überzeugung war, dass in jedem Menschen, so fromm er auch sein möge, eine solche Schlucht vorhanden war, in der finstere und unaussprechliche Gedanken hausten. Und so, immer mehr schreibend und sich immer mehr in diese Welt der Imagination begebend, verging Stunde um Stunde.

Herausgerissen wurde er jedoch jäh, als er glaubte, ein Geräusch vernommen zu haben. Er setzte den Bleistift ab und hielt den Atem an; er konnte nur noch das Lodern des Feuers im Kamin und die Laute vernehmen, die der Wind verursachte. Er fragte sich, ob jemand im Hause war. Doch nein, dies war unmöglich, denn er hatte die Eingangstüre abgesperrt, ebenso wie die Türe zum Hinterhof und auch das Tor, welches aus dem Hinterhofe führte. Auch alle Fenster hatte er sorgsam geschlossen. Selbst die Türe zu diesem Raume war abgesperrt – der rostige Schlüssel steckte innen im Schloss. Je länger er still dasaß und nur leise durch den Mund atmete, fragte er sich immer wieder, was er denn eigentlich vernommen hatte. War es das Pfeifen des Windes gewesen, der durch einen Spalt im Fensterrahmen gedrungen war? Oder waren es Menschen auf der Straße, die sich durch den Schneesturm mühten, um in ihre warmen Behausungen zu gelangen?

Nachdem er nichts weiter hören konnte, blickte er zum Kaminfeuer und sah, dass es wieder an der Zeit war, etwas Holz nachzulegen. Daraufhin schlug er das Heft behutsam zu, legte es auf die linke Sessellehne und legte darauf dann den Bleistift. Er erhob sich und schritt hinüber zu dem Holz, wo er sich von oben drei Scheite griff und mit diesen zum Kamin ging, in welchen er sie legte. Sogleich begann das trockene Holz zu knacken und Feuer zu fangen. Er packte daraufhin den Schürhaken und verteilte die rote Glut noch etwas. Dann stellte er den Haken zurück und nahm noch zwei weitere Scheite, die er ins Feuer warf, bevor er sich wieder in dem Sessel niederließ und nach dem Bleistift und dem Heft griff.

Während er das Heft aufschlug und nach der Seite suchte, auf der er das letzte Wort geschrieben hatte, fragte er sich, ob es nicht vielleicht auch ein etwas lauteres Knacken des Holzes gewesen sein konnte.

Hätte ihn jemand gefragt, was es für ein Geräusch gewesen war, so hätte er darauf keine Antwort geben können, zumal er es bereits selbst nicht mehr definieren konnte. Nein, er konnte sich nicht einmal mehr an das Geräusch selbst erinnern. Er war sich lediglich sicher, dass eines vorhanden gewesen war, doch mehr konnte er sich selbst nicht erklären. Er lauschte nochmals angestrengt, doch als er seiner Meinung nach nichts Ungewöhnliches vernehmen konnte, las er den letzten Satz, den er geschrieben hatte, nochmals durch und begann sogleich wieder, seine Gedanken fortzusetzen.

Und wieder suhlte sich sein schöpferischer Geist in den Dingen, über die niemand zu sprechen vermochte, die jenseits der Fassade des normalen Lebens lagen. Episoden des namenlosen Grauens, das in den tiefsten Regionen des Seins eines jeden Menschen lauert, gleich welcher Art dies auch zu sein vermochte; körperliche Qualen gesellten sich zu den Schrecken gepeinigter Seelen. So war er denn bereits nach einigen Strichen seines Bleistiftes wieder in seiner eigenen Phantasiewelt, die er in Worte zu fassen versuchte, und der Raum um ihn herum verschwand aus seinen Gedanken und aus seinem Blickfeld; was blieb waren seine Ideen, die ihm seine Gedanken vorspielten, die er lediglich beobachtete und gewissenhaft notierte.

„... kommenkommenkommen ...“

Er schrak augenblicklich aus seinen Gedanken auf, sein Bleistift verharrte an der Stelle, an welcher der geführte Strich endete, und hielt inne. War dies eine Stimme? Waren dies mehrere Stimmen? War dies wieder ein Laut des Windes, der ihm einen Streich spielte? Er blickte zum Feuer, das ungestört durch sein Erschrecken brannte und glühte. Sogleich versuchte er sich zu entsinnen, was er vernommen hatte. Ein Wort? Ein Wort geflüstert durch unzählige Stimmen in verschiedensten Tonlagen? Eine Art Rauschen und Wispern? Er blickte wieder zur Türe. Ja, er war sich vollkommen sicher, dass auch alle Fenster fest verschlossen waren. Sollte sich vielleicht jemand unrechten Zugang zu diesem Hause verschaffen in just diesem Atemzuge? Nein, das war unwahrscheinlich, denn zu holen gab es hier nichts. Es gab in der Gegend bedeutend anmutigere Häuser wie dieses hier, in denen es einiges mehr an materiellen Dingen zu rauben gab. Oder war es ein Landstreicher auf der Suche nach einem Gemach für die Nacht? Jemand, der wusste, dass er in einem der besseren Häuser mit Sicherheit auf jemanden stoßen würde, wohingegen dieses Haus von außen eher den Anschein erweckte, als wenn es unbewohnt war. Doch diesen Gedanken schenkte er keine sonderlich große Beachtung, zumal die Türe zu diesem Raume verschlossen war und er ein Messer bei sich hatte, mit dem zu erwehren es ihm ein Leichtes war, da er es bereits einige Male getan hatte. Außerdem hatte er noch den Schürhaken bei sich, mit dem er mit nur einigen Streichen einen jeden Eindringling seines Lebens berauben konnte, wenn er dies nur wollte. Und die Türe war ausgesprochen massiv, so dass man sich nicht einmal mit nur einem Tritt Zugang zu dem Raum verschaffen konnte. Und das kleinste Geräusch würde ihn dazu bringen, sich den Schürhaken zu greifen und sich so in Position zu bringen, um ihn einem jeden ins Hirn treiben zu können, der auch nur einen Schritt in den Raum wagen würde. Auch die Fenster waren stabil, und da er in der zweiten Etage war, konnte er davon ausgehen, dass niemand durch die Fenster steigen würde, jedenfalls nicht bei dem schneidenden Eiswinde, der im Moment die Umgebung beherrschte.

Und diese Gedanken waren es, die ihn wieder zur Ruhe kommen ließen, so dass er seine Arbeit fortsetzen konnte, ohne sich weiter mit der Frage zu befassen, ob er überhaupt etwas Ungewöhnliches vernommen hatte, und wenn ja, um was es sich dabei gehandelt hatte. Im Scheine des wärmenden Feuers schrieb er daraufhin weiter an seinen Vorstellungen, die ihn bisher etwa die Hälfte des Heftes hatten füllen lassen, und er war sich denn auch relativ sicher, dass er auf jeden Falle dieses vollständig und ein weiteres noch bis über die Hälfte hinaus mit seinen Worten anreichern würde, obwohl er bereits seine Schrift von Anfang an sehr klein gehalten hatte, um möglichst viel seiner komplexen, mit zahllosen Windungen und feinen, beinahe unscheinbaren Parallelen und Verstrickungen versehenen Idee auf möglichst wenig Papier zu bringen. Er füllte Zeile um Zeile, Seite um Seite, den zukünftigen Leser immer tiefer in seine Welt geleitend, um ihm immer mehr von den Dingen zu zeigen, die eigentlich zu abnormal waren, um sie zu Papier zu bringen.

Nachdem wieder einige Zeit verstrichen war, erhob er sich – Heft und Bleistift wieder auf der linken Sessellehne ablegend –, um neues Holz in das Feuer zu werfen. Diesmal warf er der Scheite sieben in die Flammen, was die Umgebung sofort merklich erhellte, nachdem er sich während seiner Arbeit unbewusst an das immer schwächer werdende Licht gewöhnt hatte. Nachdem er den Schürhaken wieder an das Holz auf der linken Seite des Kamins gelehnt und es sich wieder im Sessel bequem gemacht hatte, griff er wieder nach dem Bleistift und dem Heft. Er blätterte eifrig durch die Seiten, bis er seine letzten Worte gefunden hatte, las wiederum den letzten Satz, verharrte kurz in Gedanken und schrieb dann sofort weiter.

„... undundund ...“

Wieder. Doch diesmal bekam er es mehr im Unterbewusstsein mit. Er bemerkte, dass es in etwa so klang wie der Laut, den er vorher gehört hatte, doch konnte er auch diesen nicht, obgleich frisch vernommen, einordnen und auch nicht richtig erklären. Wieder war es für ihn die Frage, ob es unendlich viele Stimmen oder Geräusche im oder vor dem Hause waren, die ihn beschäftigten. War es vielleicht doch nur der Wind? Sein Blick wandte sich zum Kaminfeuer, welches in aller Ruhe und in der Art brannte, wie bereits seit der Stunde, in der er es entfacht hatte. Und durch diese Beobachtung konnte er sofort ausschließen, dass dieses merkwürdige Geräusch vom Winde verursacht wurde, der sich Zugang zum Inneren des Hauses durch einen Spalt verschaffen wollte, denn wäre dies der Fall gewesen, wäre ein Luftzug durch die Kaminöffnung entwichen und die Flammen hätten wilder gezüngelt als sie es denn taten. Dennoch legte er Heft und Bleistift zur Seite und erhob sich aus dem Sessel, um zu den Fenstern zu schreiten. Nach und nach zog er die schweren Vorhänge zur Seite und hielt seine Hand an allen für ihn erreichbaren Stellen im Bereich der Fensterflügel nahe an das Holz, doch spürte er nicht mehr kühle Luft als normal. Auch ein Blick hinaus in die Schwärze der Nacht erbrachte nichts, zumal das Glas außen größtenteils von Schnee und Eis bedeckt war. Nachdem er auf diese Weise alle drei Fenster überprüft und nichts Abnormes festgestellt hatte, überprüfte er nochmals, ob alle Vorhänge korrekt zugezogen waren, um möglichst wenig Wärme an die eisigen Fenster dringen zu lassen, wonach er sich dann wieder in den Sessel setzte und ungestört seiner Arbeit nachging, die er diesmal ohne vorheriges Lesen des letzten Satzes aufnahm, da eine neue Szene begann.

Nach einigen Lettern setzte er jedoch wieder ab, schloss das Heft, legte es auf die linke Sessellehne, nahm den Bleistift in die linke Hand und suchte in der linken Innentasche seines Mantels nach dem Taschenmesser. Er biss in die obere Kante der Klinge und klappte es dann mit der rechten Hand auf, wonach er den Bleistift über den Sesselrand hielt und ihn dort wieder spitzte. Dann klappte er das Messer mit einer Hand wieder ein und steckte es zurück in den Mantel. Bevor er weiterschrieb, putzte er noch einige kleine Späne ab, die an der Bleistiftspitze hingen, und suchte im Heft wieder nach der aktuellen Seite, welche er schnell fand. Sogleich nahm er seine Tätigkeit wieder auf und schilderte weiter ohne Reue Schrecken und Angst, sich in seinen Hintergedanken immer wieder fragend, ob dieses Werk endlich mehr Anerkennung finden würde als alles von ihm vorher Geschriebene zusammen.

„... holenholenholen ...“

Der Zeitraum zwischen diesem und dem vorhergehenden Geräusch war sehr klein, vielleicht nur eine halbe Stunde oder sogar noch weniger. Langsam aber sicher wurde ihm die Sache irgendwie unheimlich. War es vielleicht doch ein Landstreicher? Hatte er vielleicht unbemerkt eines der Fenster im unteren Bereich des Hauses aufgebrochen und war eingestiegen, auf der Suche nach einem vor dem kalten Wind geschützten Schlafplatz und einer Mahlzeit? Oder waren wieder einmal randalierende Trunkenbolde unterwegs? Oder war doch in einem der anderen Zimmer ein Fenster aufgesprungen, das der Kraft des Windes nicht standhalten konnte? Unter all den Möglichkeiten konnte er sich für keine entscheiden, so dass er Heft und Bleistift zum wiederholten Male beiseite legte, um sich aus dem Sessel zu erheben. Da er die Fenster bereits überprüft hatte, wandte er sich nun der Türe zu, an die er sich mit leisen Schritten annäherte. Er blieb direkt vor ihr stehen und hielt sein rechtes Ohr an das Holz und lauschte still, ob er etwas vernehmen konnte. Er hörte nur den Wind vor dem Haus, wie er selbst atmete und wie das Feuer das Holz verzehrte. Er fragte sich, ob er von hier aus hören könnte, wenn jemand die Treppe hinaufkommen würde. Was würde er tun, wenn es zwei oder mehr waren? Vielleicht eine ganze Gruppe durch Alkohol enthemmter Raufbolde, die darauf bedacht waren, ein ohne jegliche Gründe ausgesuchtes Opfer zu Tode zu prügeln oder grausamst zu quälen? Würde er es schaffen, wenn er aus dem Fenster hinab auf die Straße springen würde? Oder war es zu hoch? Würde er sich etwas brechen oder würde er gut landen und die Flucht ergreifen können? Dies alles spukte ihm durch den mit Phantasie angeregten Geist, während er angestrengt versuchte, irgendeinen Laut jenseits der hölzernen Türe zu vernehmen; doch er konnte nichts hören.

Nachdem er so über einen längeren Zeitraum hinweg dastand und sich nicht rührte, verlor er das Interesse an der ganzen Sache. Zwar wäre es ein Leichtes gewesen, einfach die Türe aufzusperren und sich mit einer brennenden Kerze im Kerzenständer durch das gesamte Haus zu bewegen und nachzusehen, ob alles in Ordnung war, aber im Hinterkopf lauerte die Idee, dass es in der Tat hätte sein können, dass eine nicht friedlich gesinnte Person – oder mehrere dieser Sorte – im Hause war, so dass es für ihn viel sicherer war, einfach im Raum zu bleiben und abzuwarten. Er wandte sich von der Türe ab, ging zu den Holzscheiten, nahm insgesamt drei davon, warf diese ins Feuer und ließ sich wieder im Sessel nieder, um seine Arbeit fortzusetzen, von der er seiner Ansicht nach bereits viel zu oft abgelenkt worden war. Er griff den Bleistift und das Heft, schlug die entsprechende Seite auf und las wieder den letzten Satz, um zu sehen, bei welchem Teil seiner Idee er gewesen war.

Doch was war es für ein Geräusch? War es natürlich oder nicht? War es eine Person oder waren es mehrere? Oder war es gar kein Geräusch? War es vielleicht eine Stimme? Oder viele Stimmen? Oder aber war es nichts von alledem und seine blühende Phantasie, beflügelt durch seine Niederschriften, die er seit zahllosen Stunden führte, spielte ihm einen gar üblen Streich. Von all diesen Dingen abgelenkt, schrieb er nur recht mühsam weitere Worte nieder, da er sich nicht richtig konzentrieren konnte. War es natürlich oder überirdischen Ursprunges? Ja, er glaubte an Geister und Dämonen, und dies war auch Bestandteil vieler seiner Geschichten, gepaart mit grimmer Angst und düsterer Seelenqual, die, so sein Ziel, den Leser in jeder Körperfaser vor Angst zum

Erstarren bringen sollten. Er wusste, dass diese Laute da waren, doch waren sie auch wieder nicht da, zumal er sie nicht einordnen konnte, da er sie nicht vollständig in seinem Geiste zu erfassen vermochte.

„... dichdichdich ...“

Mitten in seinen Fragen, die er sich selbst stellte, ertönte ein erneuter Laut. Er legte das Heft und den Bleistift auf die Sessellehne und verhielt sich still. Das Feuer knisterte, der Wind heulte und fauchte, das Gebälk des Hauses knarrte hier und da leise unter der Macht des Sturmes. Der Lichtschein fiel etwa in der Form eines Halbkreises in den Raum und verlor sich mit jeder Elle, die weiter vom Kamin wegführte, unweigerlich von der Schwärze aufgesaugt, die am anderen Ende des Lichtes lauerte. Er saß da, er konnte die Türe sehen, auch den Kamin, das Holz, das Reisig und den schweren Schürhaken. Drehte er den Kopf nach rechts, so konnte er auch alle drei Fenster sehen, deren Vorhänge regungslos herabhingen und welche fast von der Finsternis verschlungen wurden.

Plötzlich überkam ihn großes Unbehagen. Waren Dämonen am Werke? Ohne ersichtlichen Grunde fühlte er sich von zahllosen Augen beobachtet, Blicke verschiedenster Kreaturen schwer auf sich lastend. Seine Nackenhaare stellten sich auf, so wie auch die Härchen auf seinen Armen. Er konnte alle Öffnungen sehen, durch die man in den Raum gelangen konnte, doch konnte er nicht das gesamte Zimmer sehen. Was, wenn die grausigen Wesen bereits in dem Raum gewesen waren, bevor er ihn betreten hatte? Was, wenn sie sich geschickt in den Ritzen der Bretter verborgen hatten und nun, während er hier war, lautlos und geschickt hervorgekrochen waren? Was, wenn sie mit ihren blutdürstigen Mäulern, ihren verzogenen Fratzen, ihren großen Klauen und ihrer Lust am Morden und Quälen bereits im Dunkel dieses Raumes auf ihn lauerten und ihre bösartigen Spiele mit ihm spielten? Was, so fragte er sich, was wäre, wenn bereits einer dieser schrecklichen Geister hinter ihm war, verborgen vor seinem Blicke, direkt hinter seiner Sessellehne?

Sofort sprang er auf, wandte sich um und stieß den Sessel mit einem kräftigen Hieb gegen die Lehne um. Heft und Bleistift fielen zu Boden und der Sessel kam krachend auf, wonach er regungslos liegen blieb. Er blickte in die vor ihm liegende Dunkelheit, die außerhalb des Scheins des Kaminfeuers lag und fragte sich weiter, ob dort, genau da, wo er nichts sehen konnte, Gestalten lauerten, die so grausig waren, dass sie noch nie ein menschliches Auge gesehen hatte und dass niemand auch nur daran dachte, die Gedanken an solche Kreaturen in Worte zu fassen, ob nun gesprochen oder stumm niedergeschrieben. Hastig wagte er sich einige Schritte nach vorn, um das Heft und seinen Bleistift aufzuheben, zusammen mit den zwei anderen Heften. Während er das tat, ließ er seinen Blick nicht ab von dem dunklen Bereich, der auf der anderen Raumseite lag. Rückwärts – eine Hand nach hinten haltend –

tastete er sich Schritt für Schritt zum Kamin, bis er mit seiner Hand die Bretterwand rechts von ihm berührte. Sofort legte er die Hefte und den Bleistift auf den Kaminsims, direkt neben die Schachtel mit den Kerzen, und hielt inne. Doch er konnte nichts hören. Er spürte lediglich die Hitze, die vom Feuer ausging. Sein Blick wanderte nach rechts in die Raumecke, in der sich das Reisig befand. Von dort aus würde er den gesamten Raum beobachten können, ohne dass sich jemand oder etwas hinter seinem Rücken verstecken konnte. Er würde jede Bewegung erkennen und müsste sich nicht immer wieder umdrehen, um sichergehen zu können, dass er in Sicherheit war.

Durch diese Idee ermutigt schritt er seitlich – noch immer die Finsternis des Raumes genau im Auge behaltend – nach rechts, bis er am Schürhaken angelangt war, welchen er sich griff und fest in seiner rechten Hand hielt. Mit der linken Hand nahm er sich weitere Holzscheite und warf einen nach dem anderen in den Kamin hinein; er zählte sie nicht, er warf nur immer mehr hinein, so dass das Feuer immer größer und immer heißer wurde und der Halbkreis aus Licht sich immer weiter ausdehnte und die abgründige Schwärze zurückdrängte. Nachdem er denn der Meinung war, genügend Holz in die knisternden Flammen gegeben zu haben, rannte er kurzentschlossen zum Sessel, packte diesen mit kräftigem Griffe an der linken Lehne, auf der er immer sein Heft und den Bleistift abgelegt hatte, und zerrte diesen hinüber in die Ecke, wo sich das Reisig befand, dabei immer den Schürhaken fest in der rechten Hand haltend, seinen Blick stets auf die gegenüberliegende Raumseite gerichtet. Als er spürte, wie er mit seinem linken Bein gegen die Reisigbündel stieß, ließ er den Sessel los und stapelte mit der linken Hand so viele der Bündel zur Seite vor das Holz, dass er genügend Platz hatte, den Sessel so an die Wand zu stellen, dass er genau zum Kamin blickte – er wollte den Sessel nicht direkt in die Ecke stellen, da sonst hinter der Lehne ein kleiner Freiraum gewesen wäre, seiner Ansicht nach genügend Platz, um eines der Schreckenswesen zu beherbergen, die ihm möglicherweise nach seiner Unversehrtheit trachteten. Dann trat er zur Rückenlehne des Sessels und richtete – wieder nur mit der linken Hand – den Sessel unter großer Anstrengung auf, immer die Dunkelheit des Raumes beobachtend. Als der Sessel stand, schob er diesen mit dem linken Arme mit Hilfe von Fußtritten so in die Ecke, wie er es vorgehabt hatte. Dann warf er noch zahllose Scheite Holz zusätzlich ins Feuer, und dies auf die gleiche Art und Weise wie vorher, bevor er sich in den Sessel setzte und den Schürhaken von Armlehne zu Armlehne ablegte, wobei sich sein Griff nicht lockerte. Er ließ die Hefte und den Bleistift liegen, da er sich auf der einen Seite ohnehin nicht mehr konzentrieren konnte, und er auf der anderen Seite so viel zu sehr abgelenkt wäre, um den Raum im Auge zu behalten. Und so saß er da, die dunklen Stellen beobachtend und sich immer wieder kurz erhebend, um weiteres Holz ins

Feuer zu werfen, dessen Flammen nach den Scheiten gierten.

Wieder verging Stunde um Stunde. In den Ecken des Raumes rührte sich nichts und es geschah auch nichts Ungewöhnliches, so dass er sich wieder etwas beruhigen konnte, was ihn dazu brachte, den Schürhaken so von vorn gegen den Sessel zu lehnen, dass der Griff über die Sitzfläche hinausragte und er zu jeder Zeit blitzschnell danach greifen konnte, ohne ihn vorher suchen zu müssen. Auch war er immer innerhalb seines Blickfeldes, so dass er nicht verschwinden konnte. Und während all dieser Zeit stellten sich weder Hunger noch Durst ein. Auch die Müdigkeit blieb fern von ihm, was ihn jedoch nicht wunderte, da seine Nerven aufs Äußerste angespannt waren.

„... kommen und holen dich ..."

Diese unversehens ertönenden Worte jedoch verstand er überdeutlich. Sie waren eine Mischung aus Zischen, Wispern, Stöhnen und Schreien, gesprochen von verschiedensten Stimmen, teilweise gleichzeitig und teilweise versetzt, so dass ein Konzert entstand, welches das pure Grauen ausdrückte. Er konnte nicht ausmachen, woher diese Worte kamen, denn irgendwie waren sie überall. Sie kamen von allen Seiten, aus jedem Winkel des Raumes.

Sofort begann sein Herz wild zu schlagen, seine Haare sträubten sich, sein Atem ging schneller und seine rechte Hand griff fest nach dem Schürhaken. Im gleichen Augenblick bemächtigten sich

Vorstellungen seines Geistes, die teilweise neu waren und teilweise aus seinen Werken stammten; Ideen unendlicher, niemals endender Qual; Momente größten Grauens. Und immer wieder kamen die Vorstellungen, dass irgendwelche Dämonen in den schwarzen Winkeln des Raumes auf ihn lauerten oder dass sie sich langsam durch das Haus schlichen, immer näher auf diesen Raum zu, um dann plötzlich an der Türe zu scharren und um Einlass zu bitten, um ihr fürchterliches Werk verrichten zu können. Und all dies trieb ihn dazu, immer wieder aufzustehen und immer mehr des langsam schwindenden Holzvorrates ins das Kaminfeuer zu werfen. Er wusste, dass er es nur bis zum Tagesanbruch schaffen musste, denn dann würde jegliche Dunkelheit besiegt sein und die Dämonen hätten keinen Ort mehr, um sich zu verbergen. Er musste also nur noch die Stunden überbrücken und das Feuer am Leben erhalten.

Doch leider bemerkte er viel zu spät, dass er zu eifrig damit beschäftigt gewesen war, Scheite in den Kamin zu werfen, so dass er nach einigen weiteren Stunden nur noch das Reisig zur Verfügung hatte, doch dieses wurde innerhalb kürzester Zeit ebenfalls von den Flammen verschlungen und zerfiel zu Asche. Und die Dunkelheit wurde immer mächtiger und breitete sich immer weiter aus. Seine Phantasien wurden wilder, immer grausiger, und am Ende saß er regungslos im Sessel, in der rechten Hand den Schürhaken, und beobachtete, wie das Licht immer weniger wurde, wie der Halbkreis aus Licht immer kleiner wurde und sich die Schwärze aus den Raumecken immer weiter ausbreitete. Und dann kam der Moment, in dem vollkommene Finsternis den Raum überkam. Das Knistern des Feuers, das immer leiser geworden war, war nun vollkommen verstummt und nur noch der Wind war zu hören. Und so saß er da, wartend, was geschehen würde.

„... sind da ...“

Nach diesen Worten, die von der gleichen Art waren wie die Worte vorher, durchschnitt ein grausiger Schrei die Finsternis des Raumes, welcher langgezogen war und dann immer leiser wurde und ebenfalls verstummte. Nur noch der pfeifende Wind, der das Gebälk des Hauses zum Knarren brachte, war zu vernehmen ...

Gedanken am Abend

Einsam bin ich gefangen
In einem Reich aus Tränen
Aussichtslos und ohne Ziel
Im Nebel und kaltem Regen
Hoffnung ist ein ferner Wunsch
Leere regiert in mir
Auf der Suche nach dem Sinn
Erwarte ich mein Ende hier

Der Ort ewiger Nacht
Fern von jedem Licht
Umarmt meine Seele
Packt und hält mich fest
Wie in einem Traum
Läuft alles vor mir ab
Ich möchte mich befreien
Doch fehlt mir meine Kraft

Ich stehe in grauem Schein
Mein Geist halb im Schatten
Immer wieder kommt die Dunkelheit
Und ich kann nichts machen
Oft grundlos kommt sie
Und trägt mich ganz weit fort
Weg von innerer Ruhe
An diesen dunklen, kalten Ort

In Zeiten der Freude
Verschwinden die finsteren Gedanken
Doch brechen sie immer wieder hervor
Um meine Seele zu erkranken
Sie reißen mich in die Tiefe
Wo meine Seele schmerzt und weint
An der kalten Stätte der Tränen
Sind ich und die Finsternis vereint

An die Stille

Stille
Ich liebe Dich
Meine Gedanken sind frei
Legst Deine Arme sanft um mich
Hörst mir zu
Ich liebe Dich
Nur ich und Du
Du bist mein
Ich bin Dein
Schönheit des Augenblicks
Ergeben in Liebe
In Ewigkeit

Der zweite Teil – Hoffnung

Wo Moos die Engel hüllt
Die im Erdreich versunken
Und einzig ihre Blicke es sind
Die einen erwarten

Wo saftige Pflanzen wachsen
Zwischen den grünen Bäumen
Und die Luft nur erfüllt ist
Vom lieblichen Gesang der Vögel

Dort weich im kühlen Gras
Behütet von Träumen der Ruhe
Liegt ein Teil meiner Gedanken
Im Schoß der klaren Morgentränen

Blick nach innen

Wie ein kalter Regentag
Fühle ich es oft in mir
Die endlos graue Einsamkeit
In deren Leere ich erfrier

Die Hoffnung ist fern
Irgendwo jenseits der Wolken
Welche unbeirrt ziehen
Und dem Wind der Traurigkeit folgen

Meine Tränen sind der Regen
Salzig, kalt und klar
Er fällt auf mich hernieder
Ich biete ihm meine Seele dar

Und so regieren sie
Tränen, Einsamkeit und Leere
Obgleich ich wirklich gerne
Einmal ohne sie hier wäre

Tränenkelch

Kraft und Ende
Vereint in einem Wein
Salzig und klar
Rein und vollendet

Neu und doch vertraut
Schmeckt jeder Tropfen
Ein Spiel der Mächte
Ungewiss das Ziel

Ein Schluck nur
Von Zeit zu Zeit
Ein Schluck aus dem Kelch
Am Gedankenquell

Klingentanz

Das Leben gleicht oft dem Tanz auf einer Klinge:
Links und rechts der düstere Abgrund des Todes
Während der Tanz blutend in der Seele schmerzt

Zweisamkeit

Es war bitterkalt. Der eisig wehende Wind schnitt ihnen die Gesichter und die alles umgebende Kälte kroch durch ihre Kleider, besonders vom Boden und ihren Rücken her.

Es war ein frostiger Tag späten Herbstes, an dem alles in einem dichten Nebel lag, der sich auch vom starken Wind nicht vertreiben ließ. Durch den dazu fallenden Regen, der in großer Menge zur Erde sank und der in den wilden Lüften gar ausschweifend zu tanzen vermochte, wurde dem Tage ein vollkommen grauer Schein verliehen, dessen Trübheit die Augen eines jeden Betrachters auf Dauer stark forderte und ermüdete. Man konnte sich in dem regendurchsetzten Nebel kaum orientieren.

Beide lehnten sie an einem großen Grabmal aus Sandstein, dessen Sockel die Form eines Würfels besaß. Auf jeder der vier Seiten zeichnete sich eine eingravierte Gedenkschrift ab, die jedoch von Witterung, Moos und Efeuranken teilweise unkenntlich gemacht worden waren. Auf dem Steinblock ruhte ein weiblicher Engel mit angelegten Flügeln, der ebenfalls an mehreren Stellen von Moos und Efeu bedeckt und von Regen und Sturm gezeichnet war. Er trug eine Kutte, deren Kapuze das Gesicht verhüllte, welches nach unten auf die beiden Hände blickte, in denen eine Rose lag, so als sollte sie jemandem dargereicht werden. Auch hätte man annehmen können, der

Engel würde auf die zwei Menschenkinder hinabblicken, die sich ihm zu Füßen aufhielten.

Er saß zu ihrer rechten Seite und hatte den linken Arm um ihre Schultern gelegt. Ihr Kopf ruhte auf seiner linken Schulter und ihre beiden Hände streichelten seine rechte Hand, die auf seinem linken Oberschenkel ruhte. Ihre vor Kälte bebenden Körper waren völlig feucht, da sie bereits seit einiger Zeit an diesem Ort verweilten und der Regen langsam immer weiter in ihre Kleider geschlichen war.

Lange hatten sie darüber gesonnen, ob sie es tun sollten. Letztendlich war die Entscheidung gefallen, an diesen Ort zu schreiten und sich hier niederzusetzen. Die Tatsache, dass die Umsetzung der Eingebung auf einen derart unwirtlichen Tag gefallen war, lag darin begründet, dass es für ihr Vorhaben im Grunde genommen keinen besseren gab. Stimmung und Ort hätten für das geplante Ereignis nicht angebrachter sein können.

Der immer wieder drehende Wind raubte ihren Körpern zunehmend mehr seiner wertvollen Wärme, wobei sie schon derart geschwächt waren, dass sie ihre Hände, Füße und Beine nicht mehr spüren konnten. Das Brennen der nasskalten Luft zog sich bei jedem Zug durch ihre Nüstern bis hinab in die Lungen, aus denen im Anschluss ein sich mit dem unheilvollen Nebel vereinender Hauch entwich.

Ihre Liebe. Sie war es, die sie an diesen tristen Ort geführt hatte. Sie war es, für die sie all die Schläge, all die Grausamkeiten und all die Demütigungen ertragen hatten. Sie hatten sich gefunden und versucht zu bestehen, gleich was ihnen angetan worden war und wer sich gegen ihre Liebschaft gewandt hatte. Sie hatten das Leben in dieser Welt bereits vor langer Zeit verlassen, nur um all den Schrecken ertragen zu können. Es waren nur noch ihre Hüllen vorhanden, losgesagt vom Geist, der sich an einem fernen und nicht einmal ihnen bekannten Ort befand.

Und nun saßen sie in der schleichenden Kälte und hielten einander. Sie hätten auch auf einen schönen Sommertag warten und sich auf eine weite Blumenwiese begeben können, doch war der Sommer bereits vergangen und der nächste viel zu fern. Sie wollten nicht noch länger warten, denn das Spiel des Leids hatte sie bereits zu viel ihrer inneren Stärke gekostet. So war die Wahl auf diesen Tag gefallen; auf diesen düsteren Tag, dem es zu entfliehen galt.

Er hatte ihr nicht verraten wollen, woher er das Pulver genommen hatte, was für sie aber auch keine gewichtige Rolle spielte. Die Hauptsache war, dass er es an sich hatte bringen können. Sie hatten es bereits vor einiger Zeit zu identischen Teilen mit etwas Regenwasser aufgebraucht, saßen nun still da und fühlten sich einander so nahe wie niemals zuvor.

Der unwirklich anmutende Tag neigte sich ganz langsam seinem Ende entgegen, angekündigt durch einen dunklen Schleier, der sich über alles zu legen begann. Hinzu kam, dass ihre Augen zunehmend schwerer wurden, wobei sie nicht wussten, ob es an der nagenden Kälte oder an dem Pulver lag.

Sie schmiegten sich enger aneinander. Sie umschloss stillschweigend seine Hand etwas fester mit den ihren, während er sie mit dem linken Arm weiter an sich zog.

Seit sie sich vor dem thronenden Engel niedergelassen hatten, hatten sich ihre Lippen kein einziges Mal geöffnet, um sich noch etwas zu sagen. Und das war auch nicht nötig gewesen. Sie wussten, was im jeweils anderen vor sich ging und was vor ihnen lag.

Sie schlossen die Augen und lauschten den Geräuschen des sterbenden Herbsttages, während der Regen vom Wind getrieben unentwegt ihr Gesicht peitschte und die fürchterliche Kälte immer weiter in ihr Innerstes drang. Und so verharrten sie nahe beieinander und träumten sich zusammen in die Ewigkeit.

Vom Salz im Zährenbach

Aus einem Grabloch steigt empor
Eine kleine Melodei
Schwebt gleich den Nebelschwaden
Langsam über den dunklen Grund

Die Steinengel träumen
Und lauschen leise dem Gesang
Im kalten Schein des Wächters
Im prunkvollen Kleid der Ruhe

Der liebliche Klang berichtet
Von geheimen Wünschen fern
Schwerelos erzählter Lob
Auf die Zauberei der Nacht

So wird auch gesungen
Vom Leben und vom Tod
Vom erhellten Tanz der Freude
Und vom Salz im Zährenbach

Weltschweigen

Die stille Welt liegt da
Einsam und verlassen
Alle Bäume sind kahl
Unter dem grauen Himmel

Kein Vogel singt
Und kein Vogel fliegt
Die Luft ist bewegungslos
Kein Rauschen weit und breit

Alles scheint unwirklich
Doch es ist real
Die Welt ist lautlos
So als würde sie warten

Ich stehe nur da
Und lausche dem Nichts
Frei von allen Gedanken
Fern von Schmerzen

Will sie mir etwas sagen
Oder mir etwas zeigen
Soll ich etwas tun
Oder nur verweilen

Vielleicht schenkt sie mir Ruhe
Dieses schöne Mal
Denn die Welt tut nichts
Nur schweigen

Verzweiflung

Mit dem trüben Erwachen des Tages
Kommen oft traurige Gedanken
Mit dem grauen Regenwetter
Kommen oft brennende Tränen
Mit den traurigen Gedanken
Kommen oft die Fragen
Mit den brennenden Tränen
Kommt oft die Verzweiflung
Mit jedem dieser Tage
Kommt erneut die Dunkelheit

Der dritte Teil – Resignation

Wo Eis haltlos kriecht
In den toten Boden
Und einzig die Raben es sind
Die an dem Ort verweilen

Wo der Horizont eins wird
Mit dem grauen Himmel
Und nur kalte Winde es sind
Welche zu einem dringen

Auf diesem kargen Feld
Irgendwo in der harten Erde
Liegt ein Teil meiner Gedanken
Im Halbschmerz des Frostes

Winters Marsch und Herbstes Tod

Mein Leib ruht gesunken
Einsam auf weitem Feld
Unter mir nur Erdreich
Grob und furchtbar kalt

Im Schutz der Trübheit
Hat der Winter triumphiert
Und mit seinen eisigen Händen
Den Herbst hinfort getragen

Unter den Blicken der Raben
Kriecht der Frost voran
Mir in Mark und Bein
Und vertreibt die Wärme

Meine Glieder sind taub
Das Leben nur ein Traum
Die Flammen in meiner Lunge
Lassen die Kraft entweichen

Kunstvolles Eis erwacht
Überall auf dem Grund
Gleich einem weißen Laken
Das sich auf alles legt

Der schwache Wind trägt
Dunklen Trauergesang zu mir
Ich verfalle den Versen
Füge mich meiner Bestimmung

Der Tag gleitet langsam
In die kalte Vergänglichkeit
Und die Raben auf dem Feld
Kommen langsam näher

Wundenreich

So ist das Leben:
Manchmal eine Wunde
Die blutend aufbricht

Vom Nebel

Das Sonnenlicht liegt verloren
Fern hinter dem grauen Hauch
Bäume werden zu Jenseitspforten
Zu des Moores Wächter jeder Strauch

Die verwitterten Engel aus Gestein
Tragen schwere Trauer in ihren Augen
Während zu ihren Füßen versinkt
Nass und erschöpft der Sommerglauben

Die Wirklichkeit verschwindet
Nicht weit entfernt vom Friedhofsrand
Im brachen Feld der stummen Raben
Wo der Herbst verhüllt das Land

Der kahle Wald ragt empor
Aus seiner faulen Blätterhaut
Unheilvoll dem trüben Nichts
Entflieht so mancher Schreckenslaut

Am dunklen See nahe dem Moor
Ist der Waldboden wasserbedeckt
Dort sich knochiges Astwerk
Fingergleich zur toten Sonne streckt

Die geheime Macht wird getragen
Vom Gespinst der Phantasie
Ob wilder Zorn oder sanfte Stille
Die magische Ehrfurcht vergeht nie

... grau, weit und endlos leer ...

Brief einer Nacht

Liebste,

nun, da Du friedlich schläfst, sitze ich hier bei Kerzenschein und bringe diese Worte zu Papier. Du wirst dich fragen, weshalb ich es tue, und ich kann nur entgegnen, dass ich Dir leidige Fragen ersparen möchte. Ich vermag Dir nicht alle zu nehmen, doch mit Bestimmtheit einige, von denen ich weiß, dass sie in Dir keimen werden, ob nun heute oder erst in vielen Jahren.

Als ich mit den schwarzen Seidenlaken den Boden des Raumes bedeckt und Wände, Fenster, die Türe und die Decke ebenfalls damit verhüllt hatte; als ich die zahllosen Kerzenhalter mit den roten Kerzen aufgestellt und die Flammen entfacht hatte; als ich die weinroten Seidenlaken auf dem Bett ausgebreitet und die unzähligen Blütenblätter roter Rosen im Gemach verstreut hatte; als ich Dich innig in meine Arme geschlossen und geküsst hatte; ja, sogar während unserer Hingabe an die körperlichen Lüste wusste ich tief in mir, dass ich diese Zeilen niederschreiben würde.

Ich kann den Regen vernehmen, wie er draußen in der Dunkelheit fällt, getragen von kühlem Wind, dessen reiner Duft mich umgibt. Ich kann die Schatten überall tanzen sehen; mal leicht, mal hektisch. Und wenn ich über meine Schulter blicke, so kann ich sehen, wie Du von einem der Laken leicht bedeckt ruhst; wie sich die Seide an

Deinen begehrenswerten Körper schmiegt und sanft seinen Linien folgt.

Ich mag diese Augenblicke, in denen es außer den Geräuschen der Natur nichts gibt. Nichts lenkt mich ab. Ich kann mich auf ein Problem konzentrieren oder einfach nur teilnahmslos den Moment genießen, denn er ist für mich da, so wie ich. Auch die Nacht wirkt beruhigend, da sie fern von der Lebhaftigkeit des Tages ist, egal ob mit dem Mond am klaren Himmel oder einem alles umgebenden Nebelschleier. Ich brauche diese Ruhe, denn nur so sind meine Gedanken unverfälscht und rein wie das Wasser eines Bergquells, ob nun im Sonnenschein oder in der Finsternis.

Du weißt nicht viel über mich, vielmehr gar nichts, um ehrlich zu sein, da wir uns erst seit wenigen Wochen kennen. Aus diesem Grunde will ich versuchen, meine Gedanken zu sammeln und sie Dir zu offenbaren, damit Du einen Einblick bekommen kannst.

Seit ich Gedichte niederschreibe, strebe ich nach der Vollkommenheit des Verses, um meine innere Dunkelheit wie mein inneres Licht darin zu verewigen; eine Momentaufnahme meiner Gefühle, meines Geistes. Doch dieses Ziel war mir bisher nie vergönnt und es ist weiter denn je in die Ferne geglitten. Seit mehreren Wochen schreibe ich gar nichts mehr nieder, da meine Gedanken derartige Formen angenommen haben, dass es mir nicht möglich ist, diese mit Worten darzustellen. Es laufen zahlreiche Eingebungen parallel zueinander ab und diese Flut vermag ich nicht zu bändigen. In all den Jahren haben sich mehrere Hundert Gedichte und Geschichten angesammelt, ob kurz oder lang, einfach oder komplex; eine Seite oder eintausend, ein Vers oder einhundert. Die Gedichte sollen meine Gefühle einfangen, während die Geschichten meinen unsteten Geist widerspiegeln, in dem die unterschiedlichsten Phantasien und Bilder erscheinen. Zu viele Menschen und Vampire leben nur dahin, sich nicht geistig beschäftigend und lediglich als ein kleines Rad willenlos in der Maschinerie wirkend, ohne etwas aus ihrem Inneren an den Tag zu fördern, indem sie sich künstlerisch betätigen. Es macht dabei keinen Unterschied, ob für sich selbst oder zur Unterhaltung anderer. Ich bin glücklich, dass ich diese Gabe besitze.

Auch wenn ich unter der Unfähigkeit des Schreibens leide, so möchte ich dennoch versuchen, alles so klar und deutlich zu formulieren, wie es in meiner Macht steht. Einen Anfang zu finden, das ist sehr schwer bei jeder Niederschrift. Da dies hier jedoch ein besonderes Schriftstück ist, möchte ich gerne aus meinem Bauch heraus die Feder führen, hoffend, dass sie mir den richtigen Weg weisen wird.

Seit ich nicht mehr schreiben kann, ist das Einzige versiegt, was mich zu erfüllen in der Lage war. Das aber nicht plötzlich, sondern schleichend und unaufhaltsam. Das Notieren war auch immer eine Art Befreiung von den Gedanken und Gefühlen, selbst wenn es nur für einen kurzen

Zeitraum der Fall gewesen war. Und je weniger ich zu Papier brachte, desto wirrer wurde mein Geist; seit einigen Tagen kann ich ihn nicht einmal richtig begreifen, so als wäre er nicht der meinige; er gleicht einem Sturm, einem aufgewühlten Ozean der Worte.

Inmitten von diesem Chaos sinne ich über das Leben, über mein Leben, oder besser gesagt, ich versuche es. Oft kommt es nämlich vor, dass sich ein Gedanke wie ein Schemen abhebt und ich ihn näher betrachten will. Dann aber verschwindet er ungreifbar und geht verloren in einer Unordnung großen Ausmaßes.

Ich selbst wundere mich in diesem Augenblick, dass es bis zu diesen Lettern so flüssig aus der Feder glitt. Vielleicht weiß mein Geist unterbewusst um die Gewichtigkeit dieser Worte und schenkt mir deshalb seit längerem etwas Ruhe.

Nun, man sagt, dass das gesamte Leben nochmals vor einem ablaufen soll, steht man dem Tode gegenüber. Erinnerungen an erlebte Dinge leuchten auf, an Menschen, die tiefe Spuren hinterließen. Mir kommt es seit geraumer Zeit vor, als würde mein Sein jene letzten Gedankengänge bilden, denn ich lebe im Grunde genommen in der vergangenen Welt, fern von dieser. Im Leben denkt man über den Tod nach, bei mir ist es jedoch so, als wäre ich bereits tot und würde über mein vergangenes Dasein grübeln. Und was bleibt, ist der Schmerz.

Der Schmerz des Seins. Der Verlust, die Qual. Ich schreite auf einem schier endlosen Weg des

Leids, das mit der verstreichenden Zeit purer wurde; Tag für Tag, Jahr um Jahr.

Meine erste einschneidende Erfahrung machte ich in jungen Jahren, noch vor meiner zweiten Geburt, als mein Großvater an einem Fieber verstarb. Er lag einige Wochen geschwächt nur im Bett und ich dachte schon darüber nach, wie es sein würde, wenn er nicht mehr wäre. Ich konnte diese Idee aber nicht greifen, nicht erfassen, da er noch lebte. Und am Tage seines Todes hatte ich den Eindruck, alles wäre nur ein Traum, ein Gespinst der Unwirklichkeit; als wäre er nur räumlich von mir getrennt und ich könnte ihn wiedersehen, wann immer ich wollte. Das war aber nicht so.

Diese leidvolle Erkenntnis musste ich machen, als er zu Grabe getragen wurde. Die Vorstellung, dass mein Großvater in dem Sarg lag, entschlafen, kraftlos und leer, sie schnürte mir den Atem ab. Ich brach beinahe in Tränen aus, als er der Erde überreicht wurde, denn ich wusste, dass er mir nur dieses letzte Mal noch so nahe sein würde, wenn auch verborgen vom Holz. Ich wollte mich trotz der Trauer dieser nicht hingeben, nicht an dem Ort und nicht zu der Zeit. Ruhe und Einsamkeit waren mein Wunsch. Und so zog ich mich zurück und weinte.

Dieses Erlebnis zeigte mir auf, wie nahe der Tod wirklich ist. Ich hatte von vielen Menschen gehört, dass jemand gestorben war, und einige der Erloschenen hatte ich auch gekannt, wenn aber jemand des eigenen Blutes oder eine für einen selbst sehr bedeutsame Person gehen muss, so ist es etwas vollkommen Anderes. Es ist, als würde ein Teil von einem selbst verschwinden.

In dieser Zeit, und schon davor, sehnte ich mich nach der Ruhe des Todes. Die Ursache dafür ist, dass es in meinen Augen nichts gibt, das mein Leben begründet. Ich weiß, dass jeder einmal sterben wird und dass dieses Los unausweichlich ist. Wir werden geboren, um irgendwann zu sterben. Die Zeit, die dazwischen liegt, müssen wir versuchen zu füllen, da sie begrenzt ist. Wie begrenzt, das kann bis zum Tode fast niemand mit Genauigkeit sagen.

„Alles hat seine Zeit", so wurde es am Grabe meines Großvaters gesprochen. Und das sind weise Worte, Worte der Wahrheit. Wer weiß schon, ob er morgen vor dem Nichts steht, sein Leben verliert oder einen Freund. Das Leben gleicht einer Reise, deren Ziel wir nicht kennen. Es kommt dabei oft vor, dass etwas geschieht, mit dem man nicht rechnet, ob nun gut oder schlecht. Es gleicht einem Sonnenstrahl nach langer Dunkelheit oder einem Unwetter im Sommer. Was auch immer sich zuträgt, es gehört zu der Wanderung. Und ich leide unter der Last, dass ich ihren Sinn nicht erkennen kann.

Den Marsch selbst zu beenden, darüber habe ich in all den Jahren sehr oft nachgedacht, den letzten Schritt aber bin ich nie gegangen. Zwar ist er in meinem Geiste bereitgelegt, doch bisher hielt mich immer der Gedanke ab, dass es möglicherweise doch etwas gibt, für das es sich zu leben und zu warten lohnt. Zu jeder Zeit, egal wie dunkel meine Gefühle auch waren, gab es tief in mir ein kleines Licht, das mein Herz erfüllte und mich wieder auf den Pfad des Lebens geleitete. Ich weiß nicht, woher es kam und warum es da war, aber sein Schein lag immer über mir, egal wie abgrundtief dunkel es in meinem Innersten aussah, gleich wie wechselhaft meine Gefühle waren.

In dem einen Augenblick geht es mir gut und im nächsten sehr schlecht. Zu einem erheblichen Teil gibt es dafür keine äußeren Einflüsse und Auslöser. Der Todeswunsch entstieg mir selbst, wo er einst wie von Zauberhand entstanden war. Er kam schleichend und unbemerkt, nachdem ich begonnen hatte, mich mit philosophischen Themen auseinander zu setzen, und wurde mit der Zeit ein Teil von mir, dem ich mich nicht erwehren konnte. Es war und ist beinahe normal für mich, immer wieder in eine tiefe Leere zu stürzen. Ebenso ist es alltäglich, dass es irgendwann vorüber geht. Die Schwärze wurde aber zunehmend kräftiger und die Zweifel größer. Gibt es noch einen Sinn, der mich halten kann? Warum ist alles so und nicht anders? Woher kommt alles und wohin geht es?

Die Gedanken, die ich in Verse fassen konnte, begleiteten mich, und so wandelbar sie auch waren, es blieb immer die Vermutung in mir, dass alles unsinnig ist, da der Tod auf einen wartet. Es ist unerheblich, was man in seinem Leben geleistet und getan hat, sobald man dem Ende gegenüber steht, da in diesem Augenblick jedes Lebewesen gleich ist. Wenn man stirbt, so ist es fast so, als hätte man nie gelebt, da es für einen selbst keine Bedeutung hat, was hinter einem liegt. Natürlich kann der eine oder andere auf ein erfülltes Leben zurückblicken, aber diese Erinnerung kann keinen vor dem Jenseits retten. Man verliert den Einfluss über das, was nach einem geschehen wird. Zwar glaube ich an ein Sein nach dem Tode, doch vermag ich mich nicht für eine der vielen Varianten zu entscheiden. Und nicht einmal die Möglichkeit der Wiedergeburt kann mir den Schmerz über die vermutete Sinnlosigkeit des Lebens nehmen; ich bin und bleibe nichtig für den Lauf der Gesamtheit der Dinge.

Es heißt zwar, dass man nicht wirklich gestorben ist, solange an einen gedacht wird, aber es ändert nichts an der Tatsache. Und ist der Gedanke an ein Dasein an einem fernen Orte nicht nur dazu da, um einem die Angst zu nehmen? So verschieden die Menschen sind, so unterschiedlich sind auch die Gedanken, Auffassungen und Wünsche; niemand kann sagen, wer die Wahrheit spricht und wer Lüge. Und gibt es überhaupt eine Wahrheit?

Wie dem auch sei, trotz all der dunklen Gedanken und Zweifel ging es weiter. Ich lernte Menschen kennen und verlor sie. Einige von ihnen hinterließen lediglich Schatten in mir, eine Ahnung, dass sie einmal da gewesen waren. Andere wiederum hinterließen ein Lächeln, und wieder andere schmerzende Wunden, die auch heute noch zum Teil aufbrechen können. Meine Sehnsucht nach dem Tode und der unsagbare Schmerz des Verlustes waren ständige Begleiter auf meinen Pfaden. Ich kam zu dem Schluss, dass es wohl besser sein musste, an nichts festzuhalten, da man etwas, das man festhält, irgendwann verlieren wird. Der dadurch entstehende seelische Schmerz kann sehr groß sein, je nachdem, wie sehr man an dem Verlorenen hing. Vermutlich entschied eine Macht, dass meine Zeit noch nicht gekommen war und ich deshalb nicht den Mut fassen konnte, das Ende einzuläuten, egal wie schlecht es mir ging.

So wuchs ich mit den trüben Gedanken heran und verliebte mich, lernte die Kunst der körperlichen Liebe kennen und war glücklich. „Alles hat seine Zeit." Es war und ist so. Die erste Liebe wurde mir genommen durch ein Fieber, und diese Qual war noch stärker als die beim Tode meines Großvaters. Ich meisterte diese Zeit, selbst wenn ich damals nicht genau wusste, wie. Heute würde ich sagen, dass man in so etwas hineinwächst, dass man damit umzugehen lernt; die erste aller Erfahrungen ist nun einmal die einprägsamste. Es gab in diesem Zusammenhang viele Menschen, die sich nach einer unglücklichen Liebe dem Tod hingaben. Ich aber trug dieses Licht in mir, dessen Flamme klein und aus einem rätselhaften Grunde standhaft war. Wäre es nicht gewesen, würde ich nun nicht hier sitzen und diese Worte schreiben.

Jahre vergingen und ich lernte neue Damen kennen und lieben, doch war keine Liebe so intensiv wie die erste, so rein und stark. Es geht vielen Menschen so, während andere ihre wahre Liebe erst mehrere Jahre und ungezählte Frauen nach der ersten finden – wenn überhaupt. Und dies ist einmal mehr der Lauf der Dinge, der die Reise eines jeden einzigartig macht.

Irgendwann, mir fällt das Datum nicht mehr ein, kam die Nacht meiner zweiten Geburt. Ich war gerade dabei, nach einem rauschenden Feste auf dem Anwesen meines Vaters erschöpft durch die Dunkelheit an meine Kammer zu schreiten, um dort erholsamen Schlaf zu finden, als mir irgendwo in der Finsternis dieser Dämon auflauerte. Dieser war es, der mich zu dem machte, was ich nun bin.

Jahre später fand ich seinen Namen heraus, doch zu jenem Zeitpunkt war er bereits nicht mehr am Leben. Ich konnte nur herausfinden, dass er in der fraglichen Nacht zu den geladenen Gästen gehört hatte. Es zeugt von einer hohen Kunst des Verschleierns, da keiner der anderen Besucher hatte erkennen können, wer sich unter ihnen bewegte.

Ich trat über den breiten und vom Mondlicht schwach erhellten Gang zu meiner Kammer und wollte gerade die Tür greifen, als er mich plötzlich von hinten anfiel. Er packte meine Arme mit festem Griff, so dass ich mich nicht befreien konnte, und rammte mir sofort seine spitzen Zähne in die rechte Seite meines Halses, um mich meines Blutes zu berauben. Es dauerte nicht sehr lange und ich brach geschwächt zusammen, woraufhin er von mir abließ und die Flucht in die Schatten der Nacht ergriff. Ich kann selbst jetzt nicht nachvollziehen, warum er mir damals nicht das Leben geraubt hatte.

Ich lag regungslos am Boden und kam nach einem mir unbekannten Zeitraum wieder zu Bewusstsein, wonach ich mich aufrichtete und benommen wie geschwächt in meine Kammer taumelte. Dort ließ ich mich in das Bett fallen, um Erholung von dem Schrecken zu finden.

Am nächsten Morgen erwachte ich mit einem sonderbaren Gefühl. Kraftlos und ohne jeden Lebensgeist, regelrecht unwirklich. Die Unwirklichkeit unterschied sich aber eindeutig von meinen dunklen Gedanken.

Wenn es mir seelisch sehr schlecht geht, so fühle ich mich meist als ein Beobachter meines Lebens, ohne die Möglichkeit des Einflusses. Es kommt mir dabei vor, als würde ich neben oder schräg über mir verweilen und das Szenario still beobachten. Auch kann ich dann die Welt nicht so begreifen wie sonst. Ich vernehme Stimmen und sehe Dinge, doch gleitet alles von mir ab, ohne bewusst in meinen Geist zu dringen. Da ich auch den Eindruck habe, konstant zu schweben und nicht zu laufen, wirkt dieser Zustand wie ein Traum.

Ich konnte an jenem Tage einfach nicht begreifen, was sich in der vergangenen Nacht zugetragen hatte, und darauf beruhte dieses unwirkliche Gefühl. Ich trat sogleich vor einen Spiegel und begutachtete meinen Hals. Ich musste unter meinen Blicken erkennen, dass ich an der rechten Seite zwei dunkelrote Male besaß, deren erhobener Rand nebst einem kleinen Teil der direkten Umgebung vollkommen blass war, wohingegen der rote Kern einer kleinen Stichwunde glich. Sie lagen etwa die halbe Länge meines Zeigefingers auseinander. Hier und da befand sich getrocknetes Blut auf der Haut.

Während des Übergriffes hatte ich bereits geahnt, dass es ein Wesen der Dunkelheit war, das mich anfiel. Und als ich vor dem Spiegel stand und meinen Hals in Augenschein nahm, sah ich die Vermutung bei Tageslicht bestätigt: Ich war Opfer eines Vampirs geworden; verdammt zu ewigem Leben. Die Auswirkungen indes konnte ich nicht abschätzen, nicht einmal erahnen. Und so musste ich die sich einstellenden Veränderungen durchleben, um sie zu begreifen.

Die erste mir deutlich auffallende Wandlung war der Umstand, dass ich entgegen meiner normalen Gewohnheit immer weniger Obst und Gemüse aß, sondern mehr Fleisch. Der Wunsch steigerte sich binnen kurzer Zeit, wobei ich das Fleisch zunehmend schwächer gebraten oder gekocht zu mir nahm, was darauf hinauslief, dass ich es nur noch blutig verzehrte. Auch wurden meine Augen anfälliger gegenüber dem Tageslicht. Anfangs wurde ich kräftiger geblendet als normal, dann aber kamen Kopfschmerzen hinzu, die von Mal zu Mal stärker wurden. Die peinvolle Wirkung des Lichtes offenbarte sich nach einiger

Zeit auch auf unbedeckten Körperregionen und später am gesamten Körper, woraufhin ich zunehmend lichtscheuer wurde und mein Leben auf die Nacht verlegte.

Die Färbung der Haut nahm am gesamten Körper ab und ich erweckte schnell den Eindruck, als wäre ich einem Grabe entstiegen. Bis zu seinem unerwarteten Verschwinden konnte ich den Biss am Hals und mein Schicksal verbergen. Die Familienmitglieder und Bediensteten gingen während der gesamten Veränderung von einer Krankheit aus; ich hatte nichts zu befürchten.

Ohne jeden Schmerz wuchsen die beiden Eckzähne der oberen Zahnreihe hervor und ragten alsbald zwei Dornen gleich aus meinem Kiefer. Da ich sie aber beim Reden nicht verstecken konnte, beschränkte ich mich darauf, während einer Unterhaltung das Gesicht vom Gegenüber abgewandt zu halten. Ich wolle niemanden anstecken, so meine Begründung.

Neben diesen Eigenschaften beobachtete ich noch etwas, das mich besonders verwirrte: Ich verlor mein Spiegelbild und meinen Schatten. Wie mir später andere Vampire erzählten, beruht dies angeblich auf der Tatsache, dass beides ein Abbild der menschlichen Seele ist. Da ein Vampir kein Mensch ist, besitzt er auch keine derartige Seele. Ich wurde aber darauf hingewiesen, dass es sich um eine Legende handelt, deren Ursprung und Wahrheit niemand genau kennt.

Auf diesem Wege erfuhr ich auch, weshalb der Anblick eines Kreuzes und die unmittelbare Nähe eines fließenden Gewässers mich schwächen. Den Gerüchten zufolge symbolisiert beides das Leben und somit den Gegenpol zum toten Zustand des Vampirs. Auch konnte ich nie in unbekannte Behausungen eindringen, wenn sie verschlossen waren; vor einer solchen Türe war es so, als würde mein Wille enden – ich konnte einfach nicht weiter gehen. Wenn Fester oder Türe offen waren, selbst nur einen kleinen Spalt weit, oder ich ausdrücklich eingelassen wurde, so konnte ich ohne Hindernis eindringen, auch später in unbegrenztem Maße.

Man erklärte mir, dass es viele derartige Regeln und Hindernisse gibt, sie aber nicht alle zwingend auf jeden Vampir zutreffen. Verglichen wurde es mit dem Prinzip der ausgewogenen Verteilung der Dinge. So wie es Bestimmungen für den Vampir gibt, so gibt es sie auch für den Menschen; so wie es Menschen mit verschiedenen Begabungen gibt, so gibt es auch Vampire mit unterschiedlichen Fähigkeiten. Ungeachtet der jeweiligen Möglichkeit, so wurde gesprochen, liegt der Ursprung irgendwo im Ungewissen. Egal wer was behauptet, er ist nicht in der Lage, es allgemeingültig zu beweisen. Lediglich der Blutdurst und die Wirkung des Sonnenlichtes seien die einzigen Tatsachen, von denen man generell ausgehen kann, nichts anderes.

Bald hatte ich kein Begehren mehr nach rohem Fleisch. Vielmehr dürstete es mich, so abscheulich es damals für mich anmutete, nach frischem Blut; warmes, pulsierendes Blut. Es wurde meine

Sucht, eine Art aufgelebter Instinkt. Ich wollte mich dem Trieb widersetzen, jedoch fühlte ich, wie die körperliche Schwäche zunahm. Ich aß mehr Fleisch, aber den Verlauf konnte es nicht aufhalten. Ich erkannte, dass ich mehr Blut zu mir nehmen musste, um wieder zu Kräften zu kommen. Es war eine unausweichliche Bestimmung.

Die darauf von mir begangene Bluttat ließ nicht lange auf sich warten. Ich fing über einige Nächte hinweg in der Umgebung Katzen und Hunde und saugte sie bei lebendigem Leibe aus. Das warme Blut floss meine Kehle hinab und schenkte mir etwas Kraft, doch bei weitem nicht so viel, dass ich mich von der körperlichen Gebrechlichkeit geheilt fühlte.

Ich wusste um den Fluch, der auf den Schultern eines jeden Vampirs liegt, und doch versuchte ich ihm zu entgehen – vergebens. Ich spürte es deutlich; die Zeit war herangerückt, menschliche Beute zu machen.

Das erste Opfer war eines der Dienstmädchen. Wir hatten bereits unzählige Male unsere körperlichen Triebe ausgelebt, wenn auch nur unter dem Deckmantel der Verschwiegenheit. Es war sehr oft vorgekommen, dass ich mich in ihre Kammer geschlichen hatte, um mich mit ihr den Lüsten hinzugeben. Wünsche dieser Art waren bereits am Tage nach dem Biss verschwunden, was mich aber nicht bedrückte, da ich in Anbetracht der Ereignisse keinen Gedanken daran verschwendete.

Ich stahl mich in besagter Nacht unerkannt in ihr Gemach, wo ich mich an ihr Bett stellte, so als wolle ich sie wecken und ein Spiel mit ihr eingehen. Statt dessen beugte ich mich über sie, hielt ihr den Mund mit der einen Hand zu, während ich mit dem anderen Arm ihren Oberkörper auf das Bett presste. Hastig trieb ich meine Zähne tief in ihren Hals, um ihr junges Blut zu rauben.

Der rote Wein des Lebens glitt in meinen Körper und verlieh mir unversehens meine alten Kräfte; sie erfüllten mich schnell, schneller als ein Rausch starken Alkohols. Ich biss fester zu, während das Dienstmädchen, vom Überfall geweckt, sich vergeblich zu wehren versuchte. Der Geschmack des mich heilenden Saftes – leicht süßlich, bitter und metallisch – machte mich wilder und mein Tun das Opfer schwächer. Ich spürte so viel neue Energie, wie ich sie niemals durch Tierblut hätte erreichen können. Dieses Hochgefühl ließ mich erst wieder zu Sinnen kommen, als das weibliche Wesen leblos und mit vom Entsetzen weit aufgerissenen Augen unter mir lag. Die Haut wies eine Bleichheit auf, wie sie nur ein vollkommen blutleerer Leib zur Schau stellen kann.

Gesättigt erhob ich mich von dem Bett und betrachtete, was ich soeben angerichtet hatte. Ich fühlte zwar keine Reue in mir, erkannte aber, dass ich meine Tat verheimlichen musste, zumal es sich um eine Tötung handelte.

Ich lud sie auf meine Schultern, trug sie hinaus in die Nacht und ließ sie auf einem der umliegenden Felder liegen. Im Anschluss daran lief ich in ihre Kammer zurück und ordnete ihr Bett; ich wollte den Schein erwecken, sie hätte gar nicht darin geschlafen.

Nach diesem Geschehnis, das meine vollständige Wandlung zum Vampir darstellte, fühlte ich das Verlangen nach körperlicher Lust wieder in mir aufblühen. Zwar erfüllte mich hauptsächlich der Gedanke an den Biss mit Erregung, doch war ich den körperlichen Begierden nicht abgeneigt und konnte deren Erfüllung auch genießen.

Ein Bauer fand sie am nächsten Tag und schloss aufgrund der zwei Wunden am Hals und der farblosen Haut sofort auf das Werk eines Vampirs. Daraufhin brach eine regelrechte Panik aus; Knoblauch wurde in den Häusern aufgehängt; Holzpfähle wurden in die Herzen frisch Verstorbener geschlagen; kürzlich beigesetzte Leichen wurden ausgegraben, enthauptet und verbrannt; überall wuchs die Wachsamkeit und die Angst.

Mir war es unterdessen vergönnt, das Schauspiel weiterführen zu können und alle in dem Glauben zu lassen, meine Fiebererkrankung würde andauern. Die Schwäche musste ich hierbei vorgaukeln, da mein Körper durch den Blutgenuss nicht mehr unter ihr litt. Auch zwang ich mich zum Einhalt, um nicht über weitere Bedienstete herzufallen, da mich dies irgendwann verraten hätte.

Das Dürsten nach menschlichem Blut hatte innerhalb kürzester Zeit völlige Kontrolle über mich erlangt. Tagsüber sammelte ich die mir gereichten Speisen und versteckte sie in meiner Kammer, um sie in der Nacht unbemerkt nach draußen zu bringen und an Vieh zu verfüttern. Tierisches Blut konnte mir nicht annähernd die Stärke geben, wie es das eines Menschen tat.

Der Knoblauch, der an Fenstern, Türen und über Betten hing, stieß mich mit seinem widerlichen Geruch auf unerklärliche Weise ab – ich vermute, dass eine Sensibilisierung vorliegt und der Gestank intensiver empfunden wird als von normalen Menschen –, konnte mich aber nicht daran hindern, mir Zutritt zu offenen Häusern und Zimmern zu verschaffen. Mir wurde übel, doch mit dem nötigen Willen konnte ich das Gefühl zum Teil verdrängen und die Knollen sogar berühren, um sie zu entfernen.

Es dauerte nicht lange und ich sah ein, dass ich fortgehen musste, da das Treiben in den umliegenden Dörfern nicht endlos weitergehen konnte. Man hätte früher oder später mein Geheimnis gelüftet und mir ein grausiges Ende bereitet, ungeachtet ob ich adeligen Geschlechts war oder nicht. Daraufhin faste ich den Entschluss, hinaus in die Welt zu ziehen und von dem Blute zu trinken, das sie mir in schier endloser Menge darbot.

Zu diesem Lebenszeitpunkt wurde ich nicht mehr so stark und so oft von dunklen Gedanken getrieben, wie es in den Jahren vor der Verwandlung der Fall gewesen war. Es lag sicher an den zahlreichen neuen Erfahrungen, die mir keine Pause gönnten, um nach dem Sinn von alledem zu fragen. Ich kostete mein Dasein und die Möglichkeiten aus, ohne jedes Bedauern, denn ich war jung, ansehnlicher Gestalt und als Vampir das

Objekt des Hasses. Je öfter ich von der Jagd nach und den Hinrichtungen von Vampiren hörte, desto mehr bestritt ich mein Leben mit der Einstellung, jeder Tag könnte der letzte sein; ich hatte nichts zu verlieren.

Was ich damals nicht wusste war, dass in späteren Jahrzehnten das finstere Geistesgut erneut über mich kommen würde, schleichend wie vor meiner schicksalhaften Begegnung.

So unerwartet und beängstigend die Veränderung zu einem leibhaftigen Vampir auch war, sie öffnete mir die Augen. Ich hatte in dem Glauben gelebt, ein Vampir sei ein willenloses Wesen, das nur seinem mörderischen Verlangen nachgeht, wie eine Marionette des Bösen. Da ich Vampire nur aus Erzählungen und Geschichten kannte, wunderte ich mich, dass es neben den bereits geschilderten Wandlungen lediglich geringfügige gab. Ich bin nicht fähig, mich in eine Fledermaus oder in Nebel zu verzaubern, dafür kann ich aber bei Nacht besser sehen. Weil sich an meiner körperlichen Statur nichts verändert hatte, besaß und besitze ich noch immer das unauffällige wenn auch blasse Aussehen eines jungen Mannes von 28 Jahren.

Bezüglich dieser letzten Eigenschaft machte ich die Erkenntnis, dass mich der regelmäßige Wohlgeschmack frischen Menschenblutes und die Meidung des Sonnenlichtes vor dem Altern schützen. Durch Hunger und Licht verliere ich an Kraft und äußerer Jugend, selbst die Wundheilung wird verzögert; wo Knochenbrüche und Schnitte problem-

los heilen, dauern diese Vorgänge unter miss-
lichen Umständen mehrere Tage, ab und an gar
Wochen und Monate. Der warme Saft des Lebens
aber vermag all diese Nachteile wieder ver-
schwinden zu lassen.

Bevor ich mein Heim verließ, griff ich all meine
Geschichten und Gedichte, die seit Beginn meiner
Schreibleidenschaft in jungen Jahren entstanden
waren. Ein beträchtlicher Teil der Werke befasste
sich mit dunklen Gedanken und teilweise damit
verbunden Fragen. Viele der Verse waren in
Stunden des Weinens entstanden und hatten es
nicht verdient, zurückgelassen und vergessen zu
werden. Sie waren und sind zu wichtig und zu
wertvoll.

Schreiben war eine Art Hilfe, um zu bestehen.
Traurige Worte konnten mir den Schmerz nicht
nehmen, wenn ich sie aber aus meinem Geiste
ließ, so verspürte ich wenigstens über einige Zeit
hinweg Linderung. Auf der anderen Seite stellte
Schreiben die größte Freude für mich dar, egal ob
ich eine Phantasie notierte oder eine Phase mei-
nes Daseins verarbeitete. Meine Seele reinigte
sich so wie von selbst.

Mit den Schriften im Gepäck und den Kleidern
am Körper schritt ich eines Nachts los, um mein
bisheriges Leben hinter mir zu lassen. Um Unter-
halt musste ich mir keine Sorgen machen, da ich
lediglich Menschenblut zu mir nehmen musste
und Kleider und Schuhwerk rauben konnte. Ich
hatte nur zu beachten, dass ich nicht als Vampir
erkannt wurde und dass ich bis spätestens kurz

vor Morgengrauen irgendwo in einem sicheren Unterschlupf vor möglichen Verfolgern und dem Tageslicht verborgen war.

Mich zu Beginn noch in den umliegenden Gebieten bewegend, entfernte ich mich nach und nach von meiner Heimat. Tagsüber suchte ich Unterschlupf in verlassenen Häusern und Ruinen, in Scheunen, in Grabgewölben, in Erdhöhlen und an den mannigfachsten Orten. Auch kam es vor, dass ich ein Zimmer in einem Gasthaus belegte, um dort bei geschlossenem Fenster und zugezogenen Vorhängen die Nacht abzuwarten. Bei anderen Vampiren, die ich auf meinen nächtlichen Streifzügen kennen lernte, fand ich auch zunehmend Unterschlupf. Auf viele traf ich, weil wir uns zufällig das gleiche Versteck herausgesucht hatten. Teilweise verbrachte ich mit ihnen mehrere Wochen, Monate oder gar Jahre, durch die Landen ziehend und von ihnen lernend, da viele bedeutend älter waren als ich. Sie berichteten von anderen Vampiren, erzählten Legenden und gaben Überlebensratschläge für jede nur erdenkliche Situation.

Was ich trotz aller Änderungen leider nicht abgelegt hatte, waren die dunklen Seiten meines Geistes, wie ich es bereits kurz aufgegriffen habe. Gerne wäre ich ein gefühlloses, kaltes Monster geworden, dem nichts nahe geht und das sich keinerlei Gedanken über sich und das Sein macht. Doch hatte ich all die Gefühle, die Fragen und den Schmerz noch tief in mir. Selbst als Vampir vergoss ich in den Jahren zahllose Tränen innerer Qual.

Augenblicke des Glücks waren mir aber nicht fremd. Ich lernte bezaubernde Frauen kennen, mit denen ich ein kurzes Techtelmechtel oder eine längere Bindung einging. Doch war es alles nicht von Dauer, da mich oft irgendwann während eines Liebesspieles die Lust nach dem Wein des Lebens überkam, der ich zügellos nachging, was ich jedoch später zutiefst bereute.

Beziehungen führte ich auch mit weiblichen Vampiren, wobei meist nicht der Tod der Auslöser einer Entzweiung war, sondern das Wesen unsereins. Abgesehen von dem Verlangen nach frischem Blut und der Schwäche gegenüber dem Licht des Tages gibt es nichts, das uns im Dasein unausweichlich einzuschränken vermag; unseren Feinden können wir entrinnen. Ewiges Leben stellt uns über den Menschen und macht uns ihm gegenüber zu einer gottesgleichen Kreatur, da nichts Irdisches zwischen uns und einer höheren Macht steht. Diese Eigenschaften ermöglichen uns unter Rücksicht auf die Selbsterhaltung das Überschreiten von allen Grenzen und Zwängen, da uns niemand dafür richten kann. Die Verlockungen sind groß, die Möglichkeiten nahezu unbegrenzt. Und das ist es, was in meinen Augen irgendwann jede Beziehung beendet. Keine Hinneigung kann über mehrere Jahrhunderte verlaufen. Zudem gibt es nach so vielen Jahren nichts mehr, das man vom anderen nicht weiß. Somit hat nichts Bestand.

Ist die Liebe nicht der süße Vorgeschmack eines bitteren Schmerzes? Und ist sie nicht eine erbärmliche Täuschung unserer Sinne, die den Abgrund verschleiert, an dessen Kante wir uns tagtäglich bewegen?

Ich beobachtete andere Vampire, und obgleich ich einer von ihnen hätte sein müssen, war ich es nicht. Meine Gedanken hoben mich von ihnen ab, mein Leid. Ich versuchte, die Gefühle hinter einer Maske zu verbergen und nur meinen Schriften anzuvertrauen, ein kaltes Schauspiel aufzuführen und alle zu täuschen, nur um nicht verletzt zu werden. Nach außen hin hatte ich damit Erfolg, doch im Inneren, hinter der Maske, zerfraßen mich die dunklen Gedanken; ich musste sie mit mir selbst klären, da ich niemanden an mich heran ließ, obgleich ich tief in mir wusste, dass es keine endgültige Lösung sein konnte. Der Verstand richtete sich gegen das Herz. Die Betrübnisse unterdessen fanden immer wieder zu mir, so sehr ich auch nach innerer Kälte strebte. Ich sah, dass man sein wahres Wesen nur vor den Augen anderer verheimlichen kann, es einen selbst aber immer wieder einholt, egal wie sehr man es zum reinen Selbstschutz verneinen möchte.

Wäre ich nicht so, hätte ich nicht diese Gedanken und Zweifel, ich schätze, mein Leben wäre viel glücklicher und erfüllter. Nicht einmal der Umstand, dass es auch anderen Vampiren so ergeht, vermag Trost zu spenden.

Inmitten der seelischen Finsternis veränderte sich mein Leben auf eine Art und Weise, wie ich sie vorher nur von anderen Vampiren her kannte. Mir wurde bewusst, dass aufgrund meines Wesens Tore offen standen, die ich niemals zu durch-schreiten bereit gewesen wäre und die mir bis in alle Ewigkeit verschlossen geblieben wären. Der hierfür verantwortliche Auslöser war der Fakt, dass ich an einem Punkt angekommen war, an dem ich mich vor meiner zweiten Geburt bereits sehr oft befunden hatte, an einem Punkt, an dem es scheinbar nichts mehr zu erwarten gibt.

Ich nahm an rauschenden Festen teil, an Orgien und Raubzügen. Ich tat im Laufe der Jahrzehnte all das, was mir die Welt offenbarte und was ich mit mir selbst vereinbaren konnte. Im Gegensatz zu anderen Vampiren gab ich mich nicht voll-kommen den ausschweifenden Begierden hin, um alles auszukosten, was es gab; ich gab mich nicht der Lust mit Männern hin, öffnete keine Gräber, um Leichen zu schänden; ich verging mich nicht an Tieren; ich tätigte gewaltsame Übergriffe nur, um meinen Blutdurst zu stillen und um mich und mir liebe Wesen zu schützen.

Ich war zwar auf der stetigen Suche nach mei-ner möglichen Bestimmung, dem Grund meines Daseins, doch lebte ich nach dem Vorsatz, dass diese Erfüllung nicht in etwas zu finden sein konnte, das gegen meine innere Einstellung ver-stieß. Ich wollte keinen Verrat an mir selbst bege-hen, unabhängig davon, wie mächtig ich als Vam-pir auch war. Andere meiner Art dagegen praktizierten Dinge, mit deren Beschreibung ich dieses Papier nicht besudeln möchte und die ich wie eine große Narbe niemals mehr aus meinen Alpträumen verbannen kann.

Der Mensch knechtet und quält als höheres Wesen das Tier, also kann der Vampir als oberste Rasse dem Menschen Leid antun – theoretisch gesprochen. Der Mensch ist gleich dem Vampir nur auf sich und seine Gattung bedacht, sucht immer den Vorteil. Doch richtet sich der Mensch oftmals gegen seinesgleichen, und so tat ich es auch. Ich ging dazu über, Vampire, die vergewaltigten und missbrauchten, zu töten, dabei immer darauf achtend, keine Zeugen zu haben, denn das wäre mein sicheres Todesurteil gewesen. Es gibt nichts Schlimmeres, nichts Verwerflicheres, als den Mord an einem Vampir durch einen Vampir. Diese Tötungsserien nahmen von Zeit zu Zeit Formen an, dass ich beinahe vermutete, diese wären meine Berufung. Doch meine Suche blieb ohne Ziel.

Alles gleicht einem Glas Wasser, welches halb leer ist. Es ist schade, dass dieses Glas halb leer ist, da man weiß, dass man verenden wird, wenn das Wasser aufgebraucht ist. Doch hegt man die Hoffnung, dass der nächste Schluck ausreichen wird, um endgültig zu überleben. Mit jedem Schluck aber kam eine erneute Enttäuschung und der Inhalt schwand, obwohl jeder Tropfen meine Bestimmung hätte sein können. Die Gesamtheit des Wassers steht für all die Möglichkeiten, unter denen sich meine wahre Aufgabe befindet, der

Grund meines Seins. Und die Leere in dem Glas stellt die Leere meiner Seele dar, die mit jedem Rückschlag anwächst. Doch leider kann Wasser auch ungetrunken verdunsten, so dass meine Bestimmung möglicherweise gar nicht mehr greifbar ist.

Eines der mir am deutlichsten in Erinnerung gebliebenen Feste des wilden Treibens fand irgendwann im Herbst längst vergangener Tage statt. Ich hatte an diesen Festen schon mehrmals teilgenommen, da es unter den Beteiligten und dem Gastgeber zu einer Art Tradition geworden war, die jedes Jahr neu belebt wurde. Es war ein Fest der körperlichen Ausschweifungen und Sünden ohnegleichen, an dem bis auf eine Ausnahme ausschließlich Adelige teilnahmen, unter ihnen auch einige Vampire, so wie ich.

Diese eine Ausnahme war ein Schreiber, der jedes Mal über die Tage hinweg seine Werke verlas, ohne an den Verwerflichkeiten teilzunehmen. Die Geschichten – er verfasste nur Geschichten – waren bizarr und teilweise so abstoßend und krank wie die Begebenheiten auf dem Anwesen, und selbst darüber hinaus. Irgendwann blieb er fern und niemand wusste, weshalb. Man vermutete seinen Tod, wobei Klärungen und Beweise ausblieben.

Bei diesen Lustbarkeiten konnte jeder wahrhaft alles tun, was er wollte und mit wem er wollte. Doch die Festtage, die sich in meinen Geist gebrannt hatten, waren etwas Außergewöhnliches.

Es war im Grunde genommen wie all die Jahre zuvor, doch nahm sich in jenem Jahr der Gastgeber das Leben. Er hatte sich bereits längere Zeit entgegen seiner eigentlichen Art von den anderen abgewandt, sich in einen der Räume des Anwesens zurückgezogen und dort sicherlich über sein Leben nachgedacht, so wie ich es sehr oft tat und tue. Irgendwann ist er nach draußen in den trüben Herbsttag geschritten, um sich nahe des Wasserbeckens der Gartenanlage an einem Ahornbaum zu erhängen. Den Strick dafür hatte er sorgsam geknüpft und ebenfalls mit einer Galgenschlinge an einem der Äste befestigt. Kein Abschiedsbrief, keine Antworten.

Dieses Ereignis übte einen enormen Einfluss auf mich und meine Gedanken aus. Es zeigte mir einmal mehr, dass ich nicht allein war mit den Betrübnissen des Lebens, der Aussichtslosigkeit, der Leere.

Je mehr ich versuchte, meine Bestimmung in dieser Welt zu ergründen, umso mehr erkannte ich, dass ich sie niemals finden würde. In mir tobte ein Sturm, der meine Seele zu sprengen drohte. Es gab nur ein Nichts in meinem Herzen und Geiste, und mit jeder Tat, die ich vollbrachte und welche diese Leere nicht zu vertreiben verstand, wurde die Lage aussichtsloser. Es kam so weit, dass ich jede Nacht erneut darüber nachdachte, mich von dem Dasein auf dieser Welt zu befreien. Ich spielte sehr oft mit dem Gedanken, mich den Menschen zu offenbaren und mich ihrer

Bestrafung auszusetzen, oder nur bis zum Morgengrauen zu warten und in den Strahlen der Sonne das Ende nebst meiner inneren Ruhe zu finden. Der Gedanke an den Tod füllte mich mit Sehnsucht, denn ich vermutete, dass es nichts geben konnte, das meine Existenz zu verschlimmern in der Lage war, da ich im Laufe der zahlreichen Jahre und Jahrzehnte schon viel Leid und Qual erlitten hatte. Doch diese Schmerzen waren nicht der zentrale Grund meines Wunsches nach dem Frieden des Todes, sondern meine Gedanken. Die immer wiederkehrenden Fragen nach meinem Sinn, nach dem Ursprung und warum alles so war wie es war. Diese Fragen ließen mir keine Ruhe und ich erkannte dadurch, wie nichtig ich war. Ich konnte die Welt in ihrem Wesen nicht akzeptieren, ich wollte dahinter blicken und verstehen. Der Tod schien mich durch Gedanken zu sich zu rufen und er erreichte mir gegenüber mit den Jahren eine regelrechte Faszination. Ich begann genau zu beobachten, wie Menschen starben und wünschte mir sehr oft, an ihrer Stelle zu sein, gleich unter welchen Schmerzen der Tod eintrat. Die Aussichtslosigkeit bei der Suche nach Antworten auf meine Fragen und die Tatsache, dass mich trotz des immer wiederkehrenden Scheiterns diese Rätsel niemals los ließen, machten mich innerlich leer und verzweifelt. Ich erkannte, dass sich in diesem Dasein nichts für mich ändern würde. Ich würde ewig nach dem Sinn suchen, ewig diese Fragen in mir tragen, immer wieder seelisch verletzt werden und ewig den damit verbundenen Schmerz des Lebens erdulden müssen. Es war sinnlos; es leitete mich immer wieder zum Tode; ich hatte in dieser Welt nichts mehr zu erwarten.

Ich war innerlich zerrissen. Auf der einen Seite wollte ich meine innere Ruhe finden, auf der anderen gab es da immer noch die Frage, ob mir nicht vielleicht eine Bestimmung zu einem späteren Zeitpunkt offenbart werden würde und ich sie bisher nur noch nicht gesehen, nicht erkannt hatte. So war ich regelrecht außerstande, meinem Leben ein Ende zu bereiten und blieb weiterhin in dieser farblosen und schrecklichen Welt, schrieb zahllose dunkle Verse und Geschichten, dachte immer wieder über den Tod nach und meine Bestimmung. Ich vergoss zahllose Tränen, im Grunde in einer eigenen Welt lebend. Ich unterhielt mich mit Gelehrten und Interessierten des Gebietes der Philosophie und mit Menschen aus dem normalen Volke, um ihre Ansichten bezüglich meiner Fragen zu hören, um so neue Anhaltspunkte zu erlangen, die ich in meine Gedanken einbringen und diese somit bereichern konnte.

Das Missverhältnis in mir zeigt sich auch daran, dass ich den Tag meiner Geburt liebe und zugleich abgrundtief hasse. Ich liebe ihn, weil er mir ein Dasein auf dieser Welt ermöglicht. Doch hasse ich ihn auch, da ich durch ihn das Leben mit den ewigen Fragen leben muss, die mein Sein immer wieder zu einem einzigen Schmerz wandeln.

Man kann im Leben so viel Reichtum und so viel Macht besitzen, wie man will, und unter diesen Umständen glücklich leben. Doch irgendwann kennt man alles und an die Stelle, wo vorher Vergnügen und Interesse zu finden waren, tritt dunkle Leere. Dieser Leere werden die Menschen aufgrund ihrer Lebenszeit entzogen, sie müssen sie nicht ewig ertragen. Doch ein Vampir wie ich muss. Auf der einen Seite wusste ich um diesen grausigen Umstand, auf der anderen fand ich aber keine Kraft in mir, das Ende zu erwählen.

Aus diesen Qualen heraus, entstand der Vorsatz, alle meine Opfer zu töten, um ihnen das Leid der inneren Leere zu ersparen, denn auch sie würden früher oder später so denken wie ich. Es war nur eine Frage der Zeit, bis auch sie alle Dinge ausprobiert hatten und es irgendwann nichts mehr gab, das sie zu begeistern oder zu unterhalten verstand. Auch verhinderte ich so, dass ich Wesen den Weg in die Welt bereitete, die entgegen meiner Auffassungen handelten, zumal ich bis zu diesem Zeitpunkt oft meinen Durst gestillt, die Opfer jedoch nicht getötet und so zu Vampiren gemacht hatte.

Das ewige Leben ist eine schöne Gabe, doch ist der Preis dafür so hoch, dass man ihn in meinen Augen niemals tragen kann. Diese schmerzvolle Last erkennt man leider erst mit den Jahren und Jahrzehnten.

Neben den gewöhnlichen Opfern tötete ich aus dem gleichen Grunde mit der Zeit unsagbar viele Menschen, mit denen ich nichts zu schaffen hatte. Man konnte sagen, dass mein Hass auf die

Menschheit in etwas umgeschlagen war, das auch mit dem Tode in Verbindung stand, doch bei dem es sich vielmehr um etwas wie Mitleid handelte. Es kam aufgrund der Masse meiner Tötungen dazu, dass sich mir auch hier die Frage auftat, ob sich nicht darin meine Bestimmung fand, die Menschheit vor der Leere des Daseins und im gleichen Zuge die Natur und die Tiere vor dem Menschen zu schützen. Und so tötete ich grenzenlos und willkürlich, ohne nachzudenken. Ich hinterließ während dieser Taten teils ganze Landstriche ohne menschliches Leben.

Mein wüstes Handeln konnte mich ablenken, meine Gefühle durchlebten jedoch immer wieder ein Auf und Ab. Ich weinte zeitweise nur noch und hasste mich selbst. Die dunklen Gedanken brannten in mir einem kalten Feuer gleich, das neben der kleinen Flamme loderte. Dies alles führte irgendwann dazu, dass ich damit begann, mich absichtlich aus Wut auf meine Existenz und die fehlende Entschlossenheit zum letzten Schritt kurze Augenblicke lang dem Sonnenlicht auszusetzen, um den Schmerz meines Körpers zu fühlen. So widersinnig dies auch anmuten mag, der Schmerz, der mich in diesen Momenten erfüllte, war das Einzige, was vorhanden war; all meine lichtlosen Gesinnungen verschwanden. Es gab nur noch mich und den Schmerz, auf den sich der gesamte Körper und der Geist einzig konzentrierten. Dieses Gefühl war wundervoll, befreiend. Es war rein und ließ die Leere aus mir weichen. Die grausigen Wunden, die ich davon trug, heilten aufgrund der zahlreichen Tötungen sehr schnell ab, so dass der Schmerz schon kurz nach seiner Blüte wieder der Leere und der inneren Aufgewühltheit wich. Und so tötete ich weniger Menschen ihres Blutes wegen, um meinen Körper zu schwächen und somit den Heilungsprozess zu verzögern, um länger im Reich der Qual verweilen zu können. Doch leider konnte ich nicht die Entschlossenheit aufbringen, dieses Spiel so weit zu treiben, dass ich daran endgültig starb. Ich versuchte mir auch Wunden mit der Klinge beizubringen, doch diese waren bei weitem nicht so schmerzhaft wie jene, die das Sonnenlicht entstehen ließ. Auch Verbrennungen mit Kerzen oder glühenden Eisen vermochten nicht diese Reinheit des Schmerzes zu erzeugen. Und nach einer gewissen Zeit heilten alle Wunden ab, so dass nicht einmal ein narbiges Gewebe zurückblieb, egal was ich mir angetan hatte.

Dieses unsagbare Chaos brachte Eigenheiten und Ansichten meiner Person hervor, die ich mir früher teilweise nicht einmal hätte erdenken können. Die eine Besonderheit war, dass ich dazu überging, nach der Befriedigung meines körperlichen Triebes den freigegebenen Samen wieder in mich aufzunehmen, da sein Verlust eine Schwächung darstellte, wenngleich auch nur minimalen Ausmaßes. Diese Eigenart beruhte auf dem Umstand, dass ich mich nach einem Erguss teilweise besonders leer und dunkel fühlte, ihn sogar mit einem kleinen Tod gleichsetzte – vor meiner zweiten Geburt hatte ich bereits ab und an dieses Gefühl. Mit der Zurückgewinnung des Samens strebte ich nach einem Ausgleich dieses Mangels.

Die zweite Eigenart hingegen bezog sich auf Tränen. Jene salzig mundenden Perlen verkörperten irgendwann für mich die bedeutungsvollste Substanz, einen greifbaren Teil der Seele; ihr Blut. Die Ursache hierfür ist, dass sich der Geist eines Menschen oder eines Vampirs nicht verändert, wenn dem Körper Blut genommen wird. Auch bleibt der Geist der Person unverändert, die den Wein des Lebens aufnimmt. Jegliche Auswirkungen beschränken sich auf den Körper selbst. Folglich trägt das Blut nicht die Seele in sich und verfügt auch über keine Verbindung mit ihr.

Ich unterscheide zwischen Tränen des körperlichen Schmerzes, denen des Glücks und der Freude und jenen, die in Momenten seelischen Leids zu fließen belieben. Die erste Gattung ist an den Körper gebunden und somit nicht an die Seele. Die beiden anderen hingegen werden von den Gefühlen gesteuert, die wir nicht kontrollieren können. Daraus schließe ich, dass sie mit der Seele verbunden sind, da diese der Sitz der Gefühle ist.

Tränen des Glücks gehen mit positiven Eindrücken einher. Die Unreinheit dieser Empfindungen ist die Tatsache, dass ein schönes Erlebnis immer von einem schlechten überschattet und zerstört werden kann, was die Seele negativ beeinflusst. Tränen des Leids hingegen sind rein, da die innere Qual im Grunde genommen nicht noch weiter geschürt werden kann, auch wenn man es teilweise so fühlt, weil noch etwas Schlimmeres geschieht als schon geschehen ist.

Es ist wie mit Liebe und Hass. Während die Liebe stets Gefahr läuft, abzuschwächen oder gar zu verschwinden, stehen dem Hass keine verschlechternden Begebnisse gegenüber. Hass ist klar und unverfälscht; das reinste aller Gefühle.

Tränenwasser trägt im Gegensatz zu Blut und Samen zwar nicht zu meiner körperlichen Stärkung bei, doch erfrischt und belebt es meine Seele, da es das Blut einer anderen ist. Ich liebe es, wenn der leichte Geschmack meinen Gaumen umspielt, sanft meine Kehle hinabgleitet und von mir aufgenommen wird. Es kommt gar einem seltenen Rauschmittel gleich.

Ungeachtet dieser Auffassungen verfolgten mich immer wieder die Sehnsucht nach Ruhe und der Kummer, den meine Gedanken und die Welt an meine Seele trugen. Im Zuge dessen isolierte ich mich zunehmend von allen Personen, da ich nur noch antriebslos dahinlebte und nicht einmal den Wunsch verspürte, Worte zu wechseln oder meine Gefühle zu offenbaren. Wenn ich es nun betrachte, sehe ich es als eine Art Verabschiedung vom Leben an. Mit der Zeit sind alle Kontakte zu Freunden und Bekannten abgebrochen, so dass ich keine Bindung mehr besitze, die dem letzten Schritt entgegensteht; ich habe mich seelisch losgesagt.

Ich kann noch endlos über mein Dasein und meine verborgene Bestimmung nachdenken, doch eine Antwort werde ich niemals finden. Und selbst wenn sie noch irgendwo dort draußen liegt, so ist der Preis dafür zu hoch, denn der Schmerz meiner Seele erstickt mich von Tag zu Tag mehr. Jahrhunderte trug ich den Wunsch in mir, und nun möchte ich ihn Wirklichkeit werden lassen. Ein Zurück gibt es für mich nicht, denn es erwartet mich nichts Neues.

Der Schatten der Dunkelheit hat sich über meinem Geist ausgeweitet und das kleine Licht in meinem Herzen, die Quelle meiner Kraft und Hoffnung, einfach ausgelöscht. Es ist nicht schwächer geworden, es war einfach eines Nachts nicht mehr da. Ich kenne das typische Gefühl der Verlorenheit. Bisher ging es immer vorüber und schuf Raum für neue Taten und Ideen. Doch diesmal spüre ich deutlich, dass es bleiben wird.

Jetzt, da ich hier sitze, kann ich mich auch beobachten. Ich sehe, wie ich über dem Papier gebeugt im tanzenden Kerzenschein sitze; ich sehe, wie Du leicht blutend im Bette liegst; und ich sehe die alles umgebende Schwärze.

Du wirst Dich fragen, warum ich Dir das angetan habe, und ich kann Dir keine bestimmte Antwort darauf geben. Niemand wird gefragt, ob er geboren werden will, und die meisten werden auch nicht gefragt, ob sie sterben wollen. Nur weil wir gegen unseren Willen auf diese Welt kommen, müssen wir nicht auch gegen unseren

Willen hier verweilen. Doch vielleicht ist ein Menschenleben einfach zu kurz, um das zu sehen, was man gerne sehen möchte. Und es bleibt jedem zu jeder Zeit selbst überlassen, ob er die Welt verlässt, denn es ist sein Leben. Über das eigene Leben hat niemand zu richten und man selbst sollte immer in der Lage sein, es zu beenden, wenn es der eigene Wunsch ist, solange man immer ein ehrbares Dasein geführt hat.

Du wirst Dir noch zahlreiche Fragen stellen in Deinem weiteren Dasein, doch an mir ist es nun, die eigenen Fragen hinter mir zu lassen, und mich an einen Ort zu begeben, an dem die jetzige Leere dem Sonnenlicht weicht und innerer Frieden mich erfüllt; ich hoffe es.

Ich möchte Dir gerne an dieser Stelle noch drei Weisheiten offenbaren, die ich meiner gesamten Zeit als die wichtigsten entnehmen konnte:

Lässt man die Liebe in sein Herz, so lockt man auch das Leid.

Halte an etwas fest und du wirst es verlieren. Drum halte zum Selbstschutz nicht an allem fest, es wird dir unnötigen Schmerz ersparen.

und

Die Frage nach dem Sinn des Seins ist eine Schlange, die sich selbst frisst.

Ich wünsche Dir auf all Deinen Wegen nur das Beste.

In Liebe.

... erstreckt sich das tiefe Gedankenmeer ...

Grabengelreigen

Sanft schleicht der Nebel
Im weißen Schein des Mondes
Nachttränen liegen kalt
Überall im nassen Gras

Die versteinerten Engel
Zeugen der Vergänglichkeit
Blicken still ins Nichts
Und trauern nach dem Glück

Sie schweigen die andere Welt
Behüten hier so manches Herz
Mit Leid auf ihren Schultern
Und Hoffnung in ihren Händen

Geschlagen aus totem Stein
Und doch voller Leben
So verweilen sie regungslos
Während ihre Körper vergehen

Ab und an

Keine klaren Gedanken
Nur grauer Nebel
Kein richtiger Sinn
Nur weite Leere
Keine innere Ruhe
Nur wildes Chaos

Zährenbach

Ein milder Schluck sanft kühlt
Salzig mundend den Gaumen spült
Die Engel im Bache zu loben
Ehrwürdig im Geiste erhoben

Traurige Blicke aus Gestein
Geträumt an das Herze mein
Losgelöst und völlig verloren
Im Quell der Zähren geboren

Fern die dichten Nebelschwaden
Am weiten Horizont sich erlaben
Und langsam Wälder umschlingen
Wo zaghaft Vögelein singen

Zartes Sonnenlicht hingegen
Auf den wilden Wiesenwegen
Weiche Daunen in der Luft
Überall feuchter Erdenduft

Stehe so am Bach der Zähren
Um sein lieblich Salz zu ehren
Welkes Laub in des Grases Saft
Unbändige Sehnsuchtskraft

Der vierte Teil – Schauer

Wo Moor sein Reich hat
Unweit vom Waldesrand
Und einzig die toten Pflanzen
Vergangenes Leben zeigen

Wo kalte Wasser sind
Schwarz und abgrundtief
Und nur das Ende zugegen ist
Bei jedem Schritt

Irgendwo an diesem Ort
Im nassfaulen Untergrund
Liegt ein Teil meiner Gedanken
Umfangen von Schreckensvisionen

Seelenspiegel

Ich weine oft innerlich
Nach außen hin verborgen
Keiner erkennt das Leid
Die Gedanken und die Sorgen

Die Dunkelheit regiert in mir
Füllt aus mein ganzes Herz
Sie lässt mich immer wieder erleiden
Den tiefen, kalten Schmerz

Die wilde Macht in mir
Welche die Dunkelheit verbirgt
Sie ist der tiefe Schmerz
Der meine Seele würgt

Ich finde keine Worte
Damit man mich versteht
Nie wird es geschehen
Dass der Schmerz von mir geht

Und so lebe ich dahin
Oft mit Leere in der Seele
Und sehe teilnahmslos mit an
Wie immer weiter ich mich quäle

Ein Glimmen am Horizont

Ich blicke in die Ferne
Über die immergrünen Wälder
Getragen von wilder Gier
An diesem kalten Morgen

Laute dringen an mich heran
Aus dem weiten Unterholz
Und Nebelhauch zieht empor
Wie Feuerzungen toter Drachen

Mein Herz wird gestärkt
Durch die eisige Höhenluft
Während der Frost dringt
Siegreich in mein Gewand

Der leichte Moderhauch
Aus den alten Mauern der Burg
Zeugnis vergangener Tage
Das Brot der Sehnsucht

Verwitterte Steine hinter mir
Unter Geflecht, Laub und Moos
Gezeichnet von der Zeit
Zerfallen wie alte Wünsche

Am Horizont ganz schwach
Glänzt die Geburt der Sonne
Und am Himmel entgleiten
Sterne und der Mond

Die Nacht entschläft
Und neuer Stolz erwacht
So blicke ich in die Ferne
Über die immergrünen Wälder

Depression

Unter der Oberfläche des Seins
Schwimme ich in dunkler See
Ich kämpfe mich durch die Wellen
Doch Land sehe ich keines

Eine kleine Schauermär

Der Herbst birgt so manches Geheimnis. Die Tage werden kürzer und die Nächte länger, die Dunkelheit gewinnt deutlich an Macht und nicht einmal die Sonne vermag zu bestehen; voller Ehrfurcht wagt sie es nicht, höher am Himmel empor zu steigen. Auch wird es zunehmend kälter und verregneter, so als würde sich tiefe Trauer über alles legen. Ein Großteil der Pflanzen verliert das Blattwerk, vergeht, und die meisten der Tiere bereiten sich darauf vor, der Dunkelheit und Kälte zu entfliehen und Sicherheit zu suchen. Die ganze Welt ist dem Verfall ergeben, wird stiller und finsterer.

Dies alles sind machtvolle Zeichen des Totenreiches, die immer wiederkehren, um uns daran zu erinnern, dass alles vergänglich ist und dass auch wir nur schwache Geschöpfe sind, die zu jeder Zeit dem Ende ihres Lebens begegnen können.

Der Winter hingegen ist noch mächtiger, noch feindlicher. Alles scheint zu schlafen, doch in Wirklichkeit ist nur jedes Lebewesen auf der Hut vor dem Grauen der jenseitigen Welt. Und all diejenigen, die noch umherwandeln, sind lediglich da, um uns zu zeigen, dass es Hoffnung gibt; Hoffnung in einer Zeit, in der wir erkennen müssen, dass alles sterblich ist.

Trotz dieses Unheils zeigt sich immer wieder und besonders im Herbst etwas, dessen Schrecken weitaus größer ist als die tiefste Finsternis und die eisigste Kälte. Es kommt langsam gekrochen, lautlos und ohne Vorzeichen; gekrochen aus weiten, tiefen Wäldern und dunklen Sümpfen. Doch ist es nicht der Nebel von Mutter Natur, sondern der Atem der Toten.

Allgegenwärtig sollen sie uns mahnen, wie nichtig wir sind, gleich welchen Glauben wir verfolgen, denn einzig das Spiel des Todes ist es, in dem wir uns bewegen, und das sollen wir niemals vergessen. Der überall lauernde Tod trifft die Entscheidungen, gleichgültig wann und wo, und niemand kann sich dem entziehen.

Die Toten sind es, die sich erheben, um sich gehüllt in ihrem eisigen Hauch über die Erde zu schleppen und Opfer zu erwählen, gleich ob jung oder alt, Mann oder Frau. Hinfort werden sie dann getragen, hinein in die feuchten Gräber der Friedhöfe, die kalten Erdlöcher der Wälder und die unergründlichen Gefilde der Moore.

Deshalb ist es ratsam, sich jeden Tag auf sein Leben zu besinnen und zu erkennen, was wichtig ist. Und man sollte grundsätzlich den Nebel meiden, besonders in den Monaten des Herbstes und des Winters. Denn niemand kann wissen, wann die eigene Zeit gekommen ist und ob nicht die Toten es sind, die umgehen.

Gedanken im Regen

Kalt und leblos glänzt das Laub
Im traurigen Regen, der fällt
Der Himmel liegt verborgen
Graue Wolken bedecken die Welt
Mir ist kalt und ich bin traurig
Der Regen spiegelt wieder meine Tränen
Ich denke ich höre niemals auf
Mich nach Sonnenschein zu sehnen

Der trübe Schein des Tages
Und graues Wetter beeinflussen mich
Ich lebe teilnahmslos dahin
Abwesend und nachdenklich
Zwar sehe ich die Umgebung
Und höre der Menschen Worte
Doch ist alles wie im Traum
Mein Geist an fernem Orte

Ich greife einen Stift
Schreibe die Eindrücke nieder
Sie sind grau wie der Tag
Immer und immer wieder
Doch bricht die Sonne durch
Und erhellt so die Welt
Dann genieße ich den Augenblick
Da dieser mir gefällt

Doch bleibt es oftmals grau
Bis alles versinkt in Dunkelheit
Keine Sonne und keine Freude
Kein Licht weit und breit
Zwar macht diese Zeit kreativ
Gibt mir Ideen und Kraft
Doch im stärksten Regen
Irgendwann jede Hoffnung verblasst

Vom Tode

Dein glattes, schulterlanges Haar
So schwarz wie die Nacht
Und Deine zarte Haut
Weiß wie der Mond
So stehst Du vor mir
Geheimnisvoll und wunderschön

Du weitest Deine Arme
Trittst langsam näher auf mich zu
Sachte schmiegt sich Dein Körper an mich
Weiblich, schlank und begehrenswert
Ich spüre Deine schönen Finger
Kalt auf meiner Haut

Schauer lassen mich erbeben
Bei jeder Berührung von Dir
Ich blicke in Dein schönes Gesicht
Versinke in Deinen schwarzen Augen
Ein Lächeln umspielt Deinen Mund
Langsam verfalle ich Dir

Du beugst Dich vor
Wisperst mir leise ins Ohr
Frostiger Hauch streift mich
Erneut erzittert mein Körper
Mit lieblicher Stimme sagst Du mir
Du seist der Tod

Dein Herz ist gefüllt
Mit Begehren für meine Seele
Ich solle mich fallen lassen
Hingeben Deiner Lust
Ich solle es eingehen
Das Spiel mit Dir

Doch soll ich Dir widerstehen
Mich winden aus Deinem Griff
Deinen kühlen Körper lösen
Von dem meinen
Oder aufgeben
Und mit Dir gehen

Tinte des Verses

Oh liebliche Zähren
Die ihr sanft streichelt
Meine kalte Wangenhaut
Ja, die ihr auch küsst
Salzig meine Lippen
Seid klares Schmerzwasser
Nektar meines Geistes
Fließt im Schnitt
Tief im Herzen
Kunstvoll gewundenes Seelenblut
Auf meinem Hautpapier
Letter jenseits der Welt
Schriften vom Untergang

Der fünfte Teil – Ewigkeit

Wo der Wind sanft wispert
Auf dem einsamen Berg
Und einzig der Strick tanzt
Am faulen Galgenholz

Wo Blicke in die Ferne leiten
Zu den weiten Ländereien
Und nur der Tod es ist
Dessen Nähe man spürt

In der Erde dieses Berges
Zwischen Gebein und Wurm
Liegt ein Teil meiner Gedanken
Mit Geschichten der Vergangenheit

In mir

Schwärze, Wut, Stille, Sturm, Verlorenheit
Kälte, Tränen, Schmerz, Fragen, Einsamkeit

Blick auf einen toten Wald

Die Luft voller Nebel
Ganz feiner Sprühregen fällt
Voll dunkler Brauntöne der kahle Wald
Feucht und kalt die ganze Welt

Der Himmel ist dunkelgrau
Kein Vogel singt
Trostlos der gesamte Tag
Er nur dunkle Gedanken bringt

Die knochigen Äste der Bäume
Sie nichts Gutes verheißen
Die Farben Braun, Dunkelgrün und Schwarz
Nur auf meinen finsteren Geist verweisen

Drum schließe ich das Fenster
Um nicht zu sehen den Wald
Um nicht die Gefühle zu fordern
So dunkel, einsam und kalt

So still und grau wie der Wald
So ist auch mein Geist
Unbeherrschbar immer wieder
In die Finsternis er reist

Er lockt mich zu schreiben
Diese kalten Zeilen
Und somit noch länger
In der Dunkelheit zu verweilen

Gelbe Rose

1

In gar kalter Wintersnacht
Da es einst geschah
Von ihr ich träumte
In meinen Gedanken ich sie sah

Umher ich wandelte
Tief in diesem Traum
Wo ich erblickte sie
In einem Gang, in einem Raum

Ob eine Bibliothek es war
Ich nicht vermag zu sagen
Oder ein Schulhaus doch
Dies ich nicht kann wagen

Alles zerrissen
Wild in meinem Geiste
Welcher in jenem Traume
Zwischen dunklen Mauern reiste

Tische sich befanden
Unterschiedlich aufgestellt
Einem Trugbild gleich
Nichts aus dieser Welt

Gestalten schritten
Umher an diesem Ort
Schattige Körper
Verschwommen und getragen fort

Überragt alles von Dunkelheit
Finster und ohne Licht
Braune und schwarze Töne
Helle es gab nicht

Hinter manchem Tische
Ein Schatten sich befand
Auf hölzernem Stuhl
Still sitzend nahe der Wand

Kleine Gruppen sprachen
An Tischen und in Gängen
Doch zu vernehmen kein Wort
Stille in Ton und Klängen

Weiter ich lief
Bis um eine Ecke
Nach rechts biegend
Zum Ende meiner Strecke

2

Dort ich sie sah
Links an der Wand
Sitzend an einem Tisch
In schwarzem Gewand

Die Haare schulterlang
Voll und dunkel gar
Nur ihre Gestalt mir bot
Sich unter all den Schemen dar

Zu ihr ich blickte
In ihre Augen tief hinein
Wunderschön und braun
Mir sie schenkten warmen Schein

Jener zauberhafte Blick
In mein Herz er reiste
Wahrlich schneller es schlug
Nicht nur in meinem Geiste

Kein Wort sie sprach
Kein Lächeln auf ihrem Mund
Doch sie Frieden spürte
Ihre Augen es mir taten kund

Doch kaum ich mich versah
Dieser Schmerz losschlug
Pulsierend im erwärmten Herzen
Deutlich und kein Trug

Im Schlaf ich ruhte
Ein Gedanke geheim
Doch verwob der Schmerz
Des Geistes Reich und mein Heim

So aus diesem Traum hinweg
Gerissen wurde ich
In die kalte Nacht zurück
Wo ihr Gesicht mir entwich

3

Meine Blicke schweiften
Unstet in der Dunkelheit
Ihr Antlitz noch bei mir
Obwohl entfernt ganz weit

Rasend mein Atem
Stechend mein Herz
Verwundert ich war
Über den Schmerz

Doch in mir tief
Reines Glück ich fühlte
Nichts verfälschend
In meiner Seele wühlte

Wärme meinen Geist umgab
Wie der Sonne Licht
Fern jede Leere war
Ich sie spüren konnte nicht

Sanft zu tanzen schienen
Schmetterlinge in meinem Bauch
Für mich gleich dem Traum
Unerklärlich es war auch

Verschwommene Bilder in mir
Nicht greifbares Spiel
Sinnlos jede Anstrengung
Drum ich gab auf dies Ziel

Noch Stunden er würde liegen
Der schwarze Schleier jener Nacht
Bis erscheinen würde
Der Tag mit des Lichtes Macht

So ich mich beruhigte
Langsam mit der Zeit
Und mich nochmals überkam
Eine bilderlose Dunkelheit

4

Darauf der Tag
Unter des Traumes Zeichen
Der Gedanke an sie
Er nicht wollte weichen

Mein Körper schwerelos
Von Wärme erhellt
Erfüllend das Gefühl
Fern von dieser Welt

Kein Abgrund in mir
Sich auftat weit
Keine Bekümmernis
Nur tiefste Glückseligkeit

Beflügelt von Magie
Umgarnt von Zaubers Tanz
So der Tag verblasste
In hellem Sternenglanz

Ihr wundervoller Blick
Verloren in jenem Schlaf
Irgendwo entschwebt
Ich diesmal ihn nicht traf

5

Jedes Licht gewichen war
Verschwommen all das Glück
Am nächsten Tage schrecklich
Des Lebens Trauer kam zurück

Leer mein Sein
Sinnlos mein Handeln
Grau und Dunkel ließen
Mein Herz sich wandeln

Einmal mehr ich hatte
Alle Kraft verloren
Und der Wunsch sich regte
Ich wäre nicht geboren

Der letzte Schritt
Des Gedankenreiches Pforte
Getragen mein Sinnen
An weit entfernte Orte

Fern ihr Blick
Keine wärmenden Augen
Doch die Sehnsucht nicht
Konnte meinen Lebensgeist aussaugen

So ich lebte dahin
Wie bereits so oft
Gleich in kaltem Regen
Auf Sonnenschein man hofft

Verflossen war der Tag
Gebessert nicht im Gang
Und des Abends Müdigkeit
In ruhigen Schlaf mich zwang

6

Traumlos meine Ruhe
Im Morgen sie verschwand
Und losgelöst scheinbar
Neben mir ich stand

Sanfte Erinnerung in mir
An ihrer Augen wohlig Schein
Kälte das Herz vertrieb
Und Wärme es ließ ein

Wie der erste nach dem Traum
Beinahe dieser Tag verstrich
Durchzogen doch von Fragen
Welche beliebten zu fesseln mich

Gedanken immer wieder
In vier Jahren gekommen
Da einst im April sie sich
Das Leben hatte genommen

Kaum gesprochen Worte
Im Dunkel ihre Wunden
Nahezu fremd sie mir
Und doch tief verbunden

Gefühle und Traum
Nicht zu deuten ich verstand
Ob ihr ferner Ruf es war
Oder sie mir gab die Hand

Sollte ich folgen ihr
Wagen den letzten Schritt
Oder in meinem Kopfe nur
Die Phantasie mir entglitt

7

Am Morgen ein Beschluss
Nahe der Besessenheit
Denkbar des Geistes Zeichen
Welcher wollte sein befreit

An diesem Tage noch
An ihr Grab zu gehen
Mein Ziel dies war
Ruhen und bei ihr stehen

Handbreit war gesunken
Neuer Schnee hernieder
Und beißende Kälte kroch
Schleichend in meine Glieder

Die Sonne gehüllt
In der Wolken Tuch
So die Welt gestraft
Von des Winters stillem Fluch

Des Friedhofs Wärterin
Aufsuchte ich sofort
Um zu finden die Stätte
An diesem weiten Ort

Todestag und Namen
Beides ich nur bei mir trug
Deshalb längere Zeit
In ihren Schriften sie nachschlug

Des Grabes Stelle
Auf der Karte sie nicht fand
Neuer Bereich dies war
Jenseits vom alten Rand

Nach einer Helferin
Geschwind sie rief
Von welcher geleitet
Zum Grabe dann ich lief

Doch vorher ich erwarb
Eine Rose noch geschwind
In meiner Hand ich sie
Sicher trug durch den Wind

Durch magische Fügung hatten
Die Wolken sich entzweit
Und der Neuschnee weiß und grell
Glitzerte zu dieser Zeit

Es beinahe schien
Wie ein Zeichen gar von ihr
Mit jedem Fuß nach vorn
Die Wärme wuchs in mir

In des Grabes Nähe
Die Helferin verschwand
Und langsam ich schritt
Der Rose Stiel in meiner Hand

8

Als vor den Stein ich getreten
Die Sonne sich schob hervor
Und der Vögel sanfter Klang
Sich setzte an mein Ohr

Gesandt aus ihrem Herzen
Einem Lächeln glich die Welt
Völlig blau der Himmel
Die Umgebung schön erhellt

Geliebt und unvergessen
So im Stein die Worte
All meine Gedanken weit
Fielen ab an diesem Orte

Über diesen Lettern
Eine Gravur noch war
Blüte oder Sonne
Beides es stellte dar

Mein Blick kurz wurde
Einen Moment verschwommen
Und mein wirrer Geist
Folgte ihm benommen

Worte für sie hatte
Zurechtgelegt ich mir
Mit den Gedanken leer
Ich nun stand bei ihr

Und so ich schwieg
Still verweilend nur
Den Augenblick genießend
Das Glück in mir gar pur

Freude in ihrem Herzen
Dass ich nun besuchte sie
Und gewiss ihr war
Dass ich vergessen würde nie

Denn in Gedanken sie
Mir niemals war wirklich weit
Und begleiten sie mich wird
Bis ans Ende meiner Zeit

Und mit Bedauern tiefst in mir
Sie zu sehen niemals wieder
Schweigend in den Schnee ich legte
Sanft die gelbe Rose nieder

Im Moor der Engel Teil 2

Hier im gefrorenen Faulschlamm
Im Eismantel des Zerfalls
Öffne ich mich dem Engel
Einem Stein in einem Feld

Engel unter Eismoos
Teilweise versunken im Moor
Melancholische Blicke
Bis zum weiten Horizont

Der Froststaub der Zeit
Rieselt auf alles herab
Er bedeckt mein Leben
Wandelt mich zu einem Engel

Das Bildnis wird schwinden
Vergehen im Frühling
Meine Gebeine werden sinken
Zum dunklen Grund des Sumpfes

Die Zeit wird verstreichen
Mit dem Lachen des Winters
Der Tod wird tanzen
Mit meiner Erinnerung

Die Engel werden verwittern
Zerfallen und versinken
Und bis in alle Ewigkeit
Werde ich einer von ihnen sein

Geschöpf der Dunkelheit

Die graue Depression, welche an mir zehrt
Der brennende Selbsthass, der sich davon nährt
Die leere Seele, welche muss leiden
Die dunklen Gedanken, die sich daran weiden
Ich bin mit mir immer wieder im seelischen Streit
Ich bin ein Geschöpf der Dunkelheit

Graue Flammen

Sie lodern tief in meinem Herzen
Brennen in meiner Seele
Sie sind eisig kalt und dunkel
Doch auch machtvoll und stark

Wie tanzender Nebel züngeln sie
Streben empor an meinem Geiste
Umspielen mich mit wilder Gier
Lassen meine Seele frieren

In meiner inneren Leere
Da sind sie zu finden
Ich kann sie nicht sehen
Doch deutlich spüren

Ohne Gnade verzehren sie
Die letzte Kraft in mir
Und lassen nichts zurück
Nur weite Einsamkeit

Es sind die grauen Flammen
Die in mir sind
Nur ein grauer Schein
Tief in meinem Geist

Seelischer Ort

Traurige Zeilen begleiten mich
Wenn der Tag ist grau und widerlich
Mich begleiten dunkle Worte
An finstere seelische Orte

Zu später Stunde

Tausend Augen hinter mir
Aus dem dunklen Nichts der Ewigkeit
Dämonenfratzen der Unterwelt
Wie Schattenfeuer in der stillen Nacht

Dornengleich die Angstgedanken
Ein Unbehagen tief in mir
Wilde Hast auf meinen Schritten
Im ach so zarten Silberlicht

Einsamkeit im Blick zurück
Brennender Spuk in meinem Kopf
Bilder dort, wo kein Sehen
Pfade in den Qualenwald

Aus den feuchten Totenkammern
Hervorgebrochen zu neuer Tat
Die grauenvolle Jenseitsfurcht
Dem alten Stein entronnen

Mit weit gespreizten Klauen
Gleiten die Schrecken an mich heran
Schwarzgefederte Nebeladern
Unbändig im Nachtgewand

Frostschauder in meinem Nacken
Sie hauchen und breiten sich aus
Mein Schädel dem Verstand beraubt
Das Blut mit Panik vermengt

Mein pulsierendes Herz
Es wispert mir zur Flucht
Der schwache Stolz jedoch
Will zum Mut mich locken

Hohle Leichtigkeit liebkost
Schwere zerreißt und erdrückt
Die entfernten Stimmen sprechen
Laut und stumm zugleich

Das Gefühl spielt mit mir
Der Nachtfluch hat mich ereilt
Visionen aus dem Geisterreich
Ein Marsch im trüben Schauermoor

Ich halte inne und erkenne
Die sich öffnende Seelengruft
Mein Körper vom Unwohl erfüllt
Von eisigen Küssen berührt

Die Anwesenheit erkundet mich
Ihr Begehren ist mir fremd
Beobachtet wie mit Speeren
Wächst der Sturm in mir

Ich weite meine Schwingen
Mächtig nach beiden Seiten
Flügel purer Dunkelheit
Gebildet aus magischer Kunst

Doch die Stimmung wird zu stark
Sie überwindet meine Kraft
Und so jage ich davon
Vor der kalten Existenz

Ode an den Friedhof

Deine Stille erfüllt mich
Vollkommen mit innerer Ruhe
Alle Sorgen schweben fort
Wenn ich unter Deinen Bäumen schreite

Bist fernab vom Stress
Hast Deine eigene Zeit
Und immer ein offenes Ohr
Für all meine Gedanken

Bei Dir kann ich sein
Die Momente sind nur für mich
Spendest mir neue Kraft
Du Ort der Besinnung

Und so möchte ich danke sagen
Weil Du mir Frieden schenkst
Weil Du da bist für mich
Wann immer ich Dich besuche

Nachtode Schatten

Jenseits vom Tageslicht
Finde ich meine Kraft
Zu schreiben was ich denke
Zu schreiben was mich bewegt

Ich bin ein Geist der Nacht
Fern vom Sonnenschein
Der Dunkelheit zugewandt
Und innerlich verbunden

Die Menschen des Lichtes
Sie verstehen mich nicht
So sehr sie es versuchen
Sie können nur erahnen

Die Nacht ist mein Schutz
Dunkel und auch warm
Sie hält mich fest und fängt mich auf
Wann immer ich am Abgrund bin

Drum danke ich ihr
Sie ist meine Zeit
Sie hat immer Ruhe für mich
Ich bin ihr Kind

Der sechste Teil – Zähren

Wo die Zähren plätschern
Sanft über die Steine des Baches
Und einzig die bunte Blumenwiese
Die Luft erfüllt

Wo der warme Sonnenschein
Die Dunkelheit verbannt
Und nur weiche Leichtigkeit
Die Stimmung ist

Dort im funkelnden Bach
Im reinen Zährenwasser
Liegt ein Teil meiner Gedanken
Umspült vom milden Salz

Traum aus Stein

Ich wäre gern kalt
Regungslos und ohne Gefühl
Zerfallen zu Staub
Oder bedeckt von Moos

Nur still irgendwo liegen
Fern vom Chaos der Welt
Benetzt von Morgentau
Oder wild zerbrochen

Oftmals wünsche ich mir
Keine Gedanken zu haben
Mich vom Schmerz zu lösen
Und einfach ein Stein zu sein

Verse tiefer Begierde

Hier stehe ich
Seit nunmehr Stunden
Im kalten Regen
Und im grauen Licht
Blicke still hinab
Auf meine Lebenswunden
Und spreche im Geiste
Lautlos dies Gedicht

Die kalten Tropfen küssen
Zart meine nackte Haut
Voller Leidenschaft
Und ohne jeden Zwang
Der in Trübheit gehüllte Ort
Scheint des Regens Braut
In meinen Ohren klingt
Sanft der Herbstgesang

Verwitterte Efeuranken
Bedecken überall den Grund
Trockenes Rosengeflecht
Ragt bis zu meinen Knien
Meine geschnittene Haut
Ist blass und wund
Und ich sehe mein Blut
Mit dem Wasser ziehen

Der brennende Schmerz
Wirkt nicht auf mich
Denn fern von mir
Ist bereits der Verstand
So warte ich mit Sehnsucht
Einzig nur auf Dich
Mit der welken Rose
Fest in meiner kalten Hand

Seit zahllosen Nächten
Möchte ich nur zu Dir
Doch für meine Kraft
Bist Du entfernt zu weit
Lasse bitte den Weg
Dich leiten her zu mir
Und trage auf Deinen Schwingen
Mich hinfort in die Ewigkeit

Und leiten soll mich die Stille
In des Nachthirten Schein

... schweift der Geist auf ewiger Suche ...